HENRY SPONT

—

LES
PYRÉNÉES

LES STATIONS PYRÉNÉENNES
LA VIE EN HAUTE MONTAGNE

Librairie académique PERRIN et Cie.

LES PYRÉNÉES

PAYSAGE PYRÉNÉEN

HENRY SPONT

LES PYRÉNÉES

LES STATIONS PYRÉNÉENNES

LA VIE EN HAUTE MONTAGNE

PARIS

LIBRAIRIE ACADÉMIQUE

PERRIN ET Cie, LIBRAIRES-ÉDITEURS

35, QUAI DES GRANDS-AUGUSTINS, 35

1914

A la mémoire de mon frère bien-aimé

MARCEL SPONT,

*péri en montagne
à l'âge de trente-quatre ans,
j'offre ce livre
sorti de notre terre ardente.*

II. S.

INTRODUCTION

Une œuvre de pure imagination n'a pas besoin de préface. Elle se défend, elle s'impose par le seul vouloir de l'auteur, libre d'en choisir à son gré les éléments, d'en doser les péripéties, d'en conduire l'intrigue. Mais qu'un écrivain entreprenne de décrire une réalité connue, certaine, tangible, soumise comme telle à l'appréciation, au contrôle du premier venu, alors il devra expliquer dès le début l'objet de son ouvrage, justifier son opportunité, préciser son esprit.

Cette franchise limitera peut-être le nombre des lecteurs ; elle en augmentera la qualité, contribuera efficacement à créer cette atmosphère de sympathie indispensable pour retenir jusqu'au bout l'attention d'un public si souvent déçu dans ses espoirs, et devenu défiant.

Donc, ce livre ne sera pas un guide. Encore qu'une longue pratique me permette de contribuer à la connaissance des Pyrénées en rectifiant des erreurs, en mettant au point maints problèmes ardemment discutés dans les cénacles, je laisserai à d'autres, plus riches de loisirs, cette tâche d'ailleurs vaine si l'on considère le petit nombre de spécialistes susceptibles de s'y intéresser.

Ce livre ne sera pas non plus une étude scientifique ou sociale. Il ne sera question ni de géologie, ni de botanique, ni d'orographie, ni de topographie, ni de toponymie, ni de rien de ce qui touche à la constitution, la configuration, l'altitude ou l'état civil des montagnes. Je continuerai à leur donner les noms appris dans mon enfance et qui sentent bien le terroir. Ils sont sonores, éclatants, faciles à retenir, et je ne vois pas la nécessité, pour des raisons d'étymologie assez contestables, de leur substituer des vocables nouveaux dont la malsonnance et la complication ne rachètent pas le caractère prétendu véridique. Tout en respectant, en admirant l'ingénieuse érudition des réformateurs, je préférerai toujours la forme simple de Balaïtous à la forme barbare de Bat-Laëtouse, fort à la mode actuellement. Ce pic est assez rébarbatif en lui-même pour qu'on lui accorde au moins la grâce de ne pas effaroucher les oreilles. Et qu'il ait quatre mètres de plus ou de moins, qu'il ait été gravi dix-huit ou vingt-cinq fois, peu importe, du moment qu'il est là.

Quant aux appellations nouvelles données par des jeunes gens sans mandat à des pointes secondaires baptisées du nom de leurs amis et connaissances, je ne m'associerai pas à cet inconvenant procédé qui cache mal une basse flagornerie envers des parrains influents, disposés, sans doute, à la payer de la même monnaie. La science, d'ailleurs, est étrangère aux évolutions de ces messieurs qui, ayant cousu eux-mêmes les galons sur leurs manches, distribuent l'éloge et le blâme, contresignent les états de services de leurs aînés, morigènent les guides et s'instituent les gardiens de ces montagnes qu'ils s'imaginent, en quelques mois, en quelques années, avoir découvertes.

Enfin, ce livre ne sera pas une relation de voyage. Il y a belle lurette que les Pyrénées figurent honorablement sur le programme des villégiatures admises, prescrites par le bon ton, et si la mode s'est détournée, depuis nombre d'années, de ces montagnes si séduisantes pourtant, je ne sais pas si, à l'heure où paraîtront ces lignes, elle n'y sera pas revenue. En outre, quand bien même je voudrais adopter ce genre, caduc aujourd'hui, je dois avertir que je n'ai pas accompli un ou plusieurs voyages aux Pyrénées. Je n'y suis pas venu, par désœuvrement ou par intérêt, pour les explorer, les mensurer, les décrire. Je n'ai étudié ni leur flore, ni leur faune, ni leur relief, ni leur structure. Si j'ai pendant quinze ans, grâce à la collaboration du prodigieux virtuose qu'était mon bien-aimé frère, et qui paya de sa vie toutes nos belles joies, promené mes lourdes bottes sur les crêtes les plus redoutables et dressé ma tente au milieu des plus mornes solitudes, ce fut simplement pour satisfaire à la fois le besoin d'agir et le besoin de contempler, le goût de l'aventure et le goût de l'intimité, qui sont en somme les deux pôles du bonheur humain.

J'ai vécu aux Pyrénées. Et c'est précisément la douceur et la rudesse, les délices et les dangers, les plaisirs et les peines, en un mot la signification totale de cette vie délicate et dure, éperdument joyeuse et profondément triste, jamais vulgaire, toujours exaltée, excessive en ses voluptés comme en ses souffrances, c'est cela que je voudrais montrer à ceux qui — pour se distraire ou s'émouvoir, non pour s'instruire — liront jusqu'au bout ces pages.

Ainsi se précisent, se simplifient, s'amplifient les intentions de l'auteur.

*
* *

On peut aimer ou ne pas aimer la montagne. On peut lui préférer la mer, plus accessible au flâneur, au paresseux, à l'impotent, la mer qui se donne vite et n'exige, de celui qui la contemple, aucun effort de conquête. On peut blâmer l'imprudence de ceux qui bravent la nature, qui s'exposent volontairement à ses colères, pour exercer leur courage ou rassasier leur vanité. On peut — on doit — estimer à plus haut prix l'effort du savant dans son laboratoire, du poète errant sous les branches, de l'écrivain acharné à sertir les phrases belles. On peut juger inutiles au bien-être, au progrès de l'humanité, ces folles tentatives.

Certes, et si ardemment qu'on prône aujour-

d'hui les bienfaits de l'éducation physique, en
dépit de la « leçon d'énergie » donnée par les
apôtres du muscle, nul ne songe à comparer des
gens qui s'amusent avec des gens qui travaillent, des gens qui risquent, par jeu, leur
vie, avec des gens qui s'efforcent, par amour,
de prolonger, d'assurer, d'embellir la vie des
autres. Et les montagnards pourraient disparaître demain, personne ne s'en apercevrait, pas
même les guides, puisque les maîtres, aux Pyrénées du moins, méprisent généralement les
services des porteurs de plaques.

Mais nous ne sommes pas toujours libres.
Nous dépendons de notre origine, de notre
milieu. Nous vivons dans un cercle étroit, traversé par peu d'idées, peu d'hommes et à de
rares exceptions près, chacun de nous se borne
à suivre son destin déterminé par des circonstances, des rencontres. L'individu qui se
réalise n'est pas nécessairement celui qui accomplit avec succès telle ou telle fonction jugée
difficile par la société qui l'honore et la récompense d'après sa noblesse ou son utilité. C'est
celui qui accomplit, même obscurément, *sa*
fonction, qui fait de son mieux, naturellement,
ce qui était en lui. Et si certains trouvent dans

la conquête ou la contemplation de la nature le moyen de développer leur personnalité totale, pourquoi leur reprocher l'ardeur d'un apostolat qui leur fournit l'occasion de vivre selon leur rêve, et au surplus, ne gêne personne?

La montagne est, pour l'immense majorité, un décor, une toile de fond. On vient lui demander pendant quelques semaines un surcroît de santé, un divertissement aux préoccupations coutumières. On l'admire comme on admire le nouveau, l'exceptionnel. On en visite consciencieusement les coins aménagés, avec le regret de ne pouvoir, faute de temps, d'argent ou de capacités, aborder les solitudes qu'on aperçoit d'en bas et qu'on sait accessibles à une élite.

Mais le regret se tempère à l'évocation des périls qui guettent les plus vaillants, de la dure rançon imposée à quiconque franchit, sans s'y être longuement préparé, la zone de protection. On préfère même ne pas s'approcher trop. On se souvient du proverbe : les montagnes ne sont bleues que de loin. Ainsi le spectateur assis dans son fauteuil devant la scène éblouissante où évoluent les ballerines, laisse en sa gaine la lorgnette qu'il sait impitoyable au fard des visages contractés, à la friperie des costumes déteints.

D'ailleurs les villes d'eaux, établies d'après une formule commune adaptée au goût de la clientèle mondaine ou bourgeoise, ne prétendent pas prolonger leur rayonnement jusqu'aux déserts de neiges et de rocs où il serait impossible de tracer des sentiers et d'édifier des refuges. Enclaves urbaines complètement indépendantes de la vie locale qui les entoure sans les entamer, elles se développent suivant le rythme de Paris. C'est dire que la beauté du site leur apparaît un élément d'attrait secondaire.

★
★ ★

Eh bien, je voudrais réagir ici, tant dans l'intérêt des touristes que dans celui des indigènes eux-mêmes contre cette fâcheuse conception.

La montagne n'est pas un décor, elle est une réalité, elle est un monde, cent fois, mille fois plus vaste, plus varié, plus émouvant que le monde où nous promenons nos vaines agitations. Les stations thermales groupées à ses pieds n'en sont, malgré leur importance et leur faste, que les points d'accès. Elles n'en offrent qu'une image réduite, déformée. La maladie, l'âge, le manque de culture ou de curiosité, contraignent certains à s'en contenter. Mais les autres, les jeunes, les bien portants, ceux qui aiment ou qui pratiquent les sports — cette religion nouvelle — où trouveraient-ils un terrain plus favorable à leurs ébats, à leurs prouesses? Qui les empêche de monter, pour voir? Qui les oblige à flâner en bas, à tourner constamment dans le même rond avec les mêmes gens qui disent les mêmes choses? Ces hommes qui passent sur les allées, qui stationnent auprès des Thermes et qui portent une plaque cousue à leur veste, ce sont des guides, des guides à pied. La seule existence de ces professionnels groupés en corporations approuvées, consacrées par le Club Alpin, prouve d'abord que la montagne existe, ensuite qu'elle est accessible.

Dans quelles conditions? Voilà ce que j'essayerai de vous montrer, en toute simplicité, sans phrases.

Entre les vallées et les cimes, il y a une infinité de gradins qu'on peut successivement visiter, conquérir. Chacun d'eux possède son caractère propre. Une forêt vaut une cascade, un lac vaut un glacier. Les paysages d'en haut impressionnent plus vivement parce qu'ils sont plus exceptionnels, plus difficiles à atteindre, composés d'éléments plus rares. Ils ne sont pas plus beaux en soi. L'essentiel est d'adopter une méthode, de procéder lentement, par ordre. Le montagnard, c'est un touriste qui a progressivement élargi son cercle d'activité, et qui a fini par englober les sommets dans ledit cercle. Qu'il préfère les sommets où il est assuré d'être seul et d'exercer librement sa maîtrise, cela n'empêche pas les autres de demander à la montagne des impressions en rapport avec leurs goûts, leurs moyens.

Ces impressions, je tâcherai de vous en donner un reflet. Pour ma part, je les ai toutes éprouvées, depuis les plus douces jusqu'aux plus tragiques. Les premières datent de l'enfance, les dernières se forment au moment où j'écris. A vrai dire elles ne cessent de vivre, de s'agiter dans les ténèbres de l'inconscient. D'où la difficulté de les tirer, de coller au papier, de les habiller, de leur donner une forme perceptible à la conscience du lecteur. Depuis que j'ai perdu, là-haut, mon compagnon, — mon maître — c'est là-haut que je dois remonter pour le retrouver, pour me retrouver. Là est la vraie, la seule lumière.

Enfin, vous sentirez peut-être palpiter entre ces lignes un peu de l'immense amour voué par un homme à la montagne pyrénéenne et vous la jugerez sans doute profondément séduisante puisque celui qu'elle a si cruellement meurtri persiste, quand même, à l'aimer.

LES PYRÉNÉES

CHAPITRE PREMIER

PYRÉNÉES D'OCCIDENT

Ce sont les plus fréquentées, les plus riches en stations célè·
bres, en paysages classiques. — Biarritz, gloire du pays
basque. — Pau, capitale du Béarn. — Eaux-Bonnes et
Eaux-Chaudes. — Lourdes et la vallée d'Argelès. — Saint-
Sauveur et Barèges. — Cauterets, station de famille. —
Le Cirque de Gavarnie. — Le Mont-Perdu. — Bigorre et
le Pic-du-Midi. — Luchon, reine des Pyrénées. — Les
Monts-Maudits, et le pic d'Aneto-de-la-Maladetta, point
culminant de la chaîne.

Le versant septentrional des Pyrénées apparaît, à première vue, d'un dessin fort simple,
partant noble. Ces montagnes élégantes et gra-
cieuses, dressés comme un écran au fond des
horizons méridionaux, n'offrent aucune trace,
en France du moins, de la fantaisie fougueuse
et massive qui caractérise les Alpes. La chaîne
régulière surgie de l'Océan se poursuit jusqu'à
la Méditerranée sans interruption, se mainte-

nant à une altitude presque constante et présentant en son milieu les plus hautes cimes. C'est un mur véritable, qui semble avoir été placé à dessein pour séparer deux peuples, deux races. Et le voyageur qui circule dans les plaines de notre Midi ne peut s'empêcher d'admirer avec quelle obstination les Pyrénées offrent à son regard leur étincelant et hautain profil. Elles marquent en effet la fin d'un monde, et c'est de là que vient, en grande partie, leur prestige.

A la simplicité de la maîtresse chaîne s'ajoute encore la régularité des chaînons secondaires qui, après y avoir noué leurs solides attaches, descendent majestueusement, avec une hâte tranquille marquée de loin en loin par un sursaut vite calmé, vers les grasses prairies du Languedoc, où ils s'arrêtent en même temps, épuisés par un même effort. Entre leurs murailles à peu près parallèles, abruptes et dénudées d'abord, molles et verdoyantes ensuite, des torrents issus des nappes glaciaires roulent dans un tumulte de plus en plus ralenti, empressés à s'épanouir en larges nappes paisibles au sortir de la prison maternelle. Des granges, des hameaux, des villages, des villes s'accrochent ou s'étalent au bord des rives sonores ou calmes, y végètent ou y vivent selon les conditions imposées par l'état du sol et la nature du climat.

Et il suffirait de remonter une de ces vallées pour rencontrer successivement, dans l'ordre du plaisant au sévère, toutes les merveilles que la montagne pyrénéenne réserve à ses visiteurs.

Nous verrons plus tard si la réalité justifie un tel espoir. En attendant, situons les principaux paysages et posons sur ces décors 'des noms familiers.

*
* *

Du côté de l'Océan, les Pyrénées semblent mettre à se lever une certaine lenteur. Le pays basque, tant vanté, vaut surtout par la grâce de ses coteaux arrondis qui annoncent discrètement la sauvagerie des hauts sommets. Pourtant, un pic impressionnant, la Rhune, dresse au bord même de la mer chantante sa pyramide noire. De cela n'ont cure les baigneurs de Biarritz et de Saint-Jean-de-Luz, trop occupés à se regarder sans indulgence sous les lustres. La promesse d'un panorama montagnard et marin amène toutefois sur les rochers du Jaizquibel (584^m), de la Haya (839^m) et du Choldocogagna (489^m) quelques fanatiques tentés au surplus par la perspective d'une chasse à la palombe ou d'un affût aux vautours.

Ils sont rares, cette aimable région, si heureusement située sur la route de Paris à Madrid, étant la terre élective d'une clientèle éminemment cosmopolite, plus sensible aux délices de la vie mondaine qu'au charme du paysage. Nul coin en France ne peut actuellement disputer à Biarritz le privilège de grouper pendant la saison un lot aussi compact, aussi brillant de désœuvrés riches ou soi-disant tels. Nul ne fournit à l'observateur une idée plus complète de la mentalité particulière à une société que sa fortune réelle ou apparente, ses origines avouables ou non, ses préjugés certains, son amour du plaisir, son manque de culture intellectuelle et de curiosité vraie maintiennent loin des simples, des banales, des belles réalités. Vous n'attendez pas de moi un croquis de Biarritz. Encore que de fréquents séjours d'hiver et d'été, au milieu d'amis, me permettent de rendre à son prestige un hommage mérité, je m'abstiendrai, crainte d'être inférieur à une tâche, pourtant agréable. Que dire sur Biarritz? Chacun connaît Biarritz.

Aussi bien les Pyrénées, à peine surgies de l'Océan, sont à peu près invisibles d'ici, et le rayonnement de Biarritz, essentiellement maritime, ne dépasse pas les premiers coteaux. En revanche, il règne le long de la côte, gagne Saint-Jean-de-Luz et Hendaye, franchit la Bidassoa — n'oublions pas l'île des Faisans, les souvenirs, François Ier, Louis XIII, Mazarin, Louis XIV, un peu d'érudition facile ne messied point — pénètre en Espagne, effleure la vieille cité romantique de Fontarabie et ne s'arrête qu'à Saint-Sébastien, plage élégante, sans caractère local.

Le pays basque est la région pyrénéenne la plus ouverte aux voyageurs de tout âge, de toutes conditions. C'est un petit monde que la nature a comblé de ses grâces et qui, en certaines parties, a conservé son caractère. Il appartient à l'histoire, à la légende, à la littérature. Il appartient au tourisme, qui aménagea sans peine ses beautés accessibles au curieux. Il occupe une place éminente parmi les coins privilégiés où se porte la foule avide de voir, de connaître. Mi-français, mi-espagnol, à cheval en quelque sorte sur ces Pyrénées timides encore et qui se laissent franchir, il est formé — rappelons-le pour mémoire — de sept provinces : le Labourd, capitale Bayonne ; la Basse-Navarre, capitale Saint-Jean-Pied-de-Port ; la Soule, capitale Mauléon ; le Guiposcoa, capitale Saint-Sébastien ; la Biscaye, capitale Bilbao ; l'Alava, capitale Vitoria ; la Navarre, capitale Pampelune. Les savants disputent encore sur les origines de son langage âpre, impénétrable à quiconque ne l'apprit pas dès l'enfance et sans attaches avec aucun autre parler européen. Les écrivains ont célébré les mœurs patriarcales, le je ne sais quoi de sauvage et de fin, de mélancolique et de gai qui caractérise cette race fière, sobre en ses propos et son geste, infiniment distinguée, et dont la présence, dans ce Midi enthousiaste et flâneur, étonne et charme comme le plus savoureux des anachronismes. Quant aux sportsmen, ils ont été conquis, dès le premier jour, par le passionnant spectacle de la pelote qui est plus qu'un jeu : une tradition.

Cette singulière enclave est le paradis des touristes. En quelques jours on peut parcourir les vallées de la Nive, de la Bidouze, du Saison, visiter Ustaritz, Cambo, Saint-Étienne-de-Baïgorry, Saint-Jean-Pied-de-Port, Saint-Palais, Mauléon, Tardets ; faire un pèlerinage au Pas-de-Roland, au défilé de Valcarlos, au col de Roncevaux, pousser jusqu'à l'espagnole Pampelune et même gravir quelques montagnes comme le Behorleguy (1,263ᵐ), l'Occabé (1,463ᵐ), le pic d'Orhy (2,017ᵐ).

Il semble que Tardets demeure le coin le plus curieux du pays pour l'observateur pourvu de loisirs. On y assiste encore aux pastorales du bon vieux temps et aux danses si étranges dont l'amour est si fortement ancré dans le cœur des

Basques. Mais il faut être du pays pour comprendre le symbolisme de ces pièces démesurément longues. Conservées par une tradition orale renouvelée au cours des siècles, et où voisinent, à côté de Satan, Mercure et Jupiter, Roland et Nabuchodonosor, sans compter les Anges, cependant qu'un mannequin grotesque, mû par une ficelle — Mahomet — est chargé de distraire le public pendant les entr'actes.

Il y a donc ici deux éléments d'attrait distincts : le paysage et l'habitant. Le premier charme, le second déconcerte. Seule en France la Corse donne une impression aussi complexe. Encore la Corse est-elle une île, abandonnée de la métropole, oubliée, perdue, et si pauvre, et si royalement belle.

Bayonne est la capitale de la région. On y pratique la montagne avec une ferveur rare, encouragée par la propagande inlassable de la section basque, une des plus importantes et des plus prospères du club alpin-français. Il y a là un groupe de vaillants qui ne s'attarde pas aux vaines paroles, qui agit, pour le plus grand bien de ces Pyrénées si tendrement aimées aux rives de l'Adour.

Honneur à Bayonne !

⁑

Le Béarn est proche. Il faut descendre dans la plaine, saluer Pau, la capitale du Sud-Ouest.

Pau apparaît dès l'abord comme la ville de l'artifice et du luxe. Vue d'en bas, la terrasse avec ses maisons blanches, ses balustres de fer, son château, surprend par sa noblesse et sa froideur. Ce décor, posé en façade sur cette colline, n'est ni méridional, ni pyrénéen. Il semble avoir été apporté là, de loin.

En effet, Pau ne ressemble à aucune autre station d'hiver. C'est une colonie anglaise qui se développe librement, à sa guise, sans souci des voisins, selon son code personnel, rigoureux et souple. Il y a ici deux clientèles. La première, la plus nombreuse, fréquemment renouvelée, se compose de gens de demi-fortune, curieux ou convalescents, qui viennent se reposer, se soigner, se divertir à bon compte. Colonels en retraite retour des Indes ou de l'Afrique centrale, veuves vraiment inconsolables promenant leur deuil à travers le monde, célibataires las des hivernages de Palerme ou d'Alger, jeunes époux en voyage de noces, c'est une petite société calme, peu exigeante, strictement « comme il faut », d'où le rastaquouère, la demi-mondaine de haut vol sont exclus, — et qui s'amuse franchement, sans bruit.

La seconde, très fermée en apparence, mais largement ouverte à qui montre une main gantée, c'est la clientèle des résidents installés à demeure dans leurs villas, à seule fin de passer le temps en utilisant les ressources d'un pays particulièrement propre aux combinaisons sportives les plus variées. Ils y réussissent parfaitement, grâce à la douceur du climat qui rend les jeux de plein air accessibles en toutes saison, grâce surtout à la discrétion parfaite que l'Anglo-Saxon, peu soucieux de parader, apporte à l'organisation savante et raisonnée de ses plaisirs.

Les deux modes de vivre se complètent, ils ne se superposent pas. On peut jouir de l'un et négliger l'autre. Chacun reste libre, et c'est là peut-être que réside le charme de cette belle ville solennelle et accueillante, sérieuse et distinguée.

A l'inverse des stations consacrées par une mode éphémère qui peut changer d'objet du jour au lendemain, Pau ne cherche pas à éblouir, à tromper. D'avance, on sait ce qu'on y trouvera, et si d'aventure on s'y ennuie, ce sera en connaissance de cause et en bonne compagnie. On ne s'y ennuie pas d'ailleurs dès qu'on a pris contact. La renommée de Pau est ancienne, solide. Elle ne doit rien au mensonge, au caprice. Elle est la fleur même de la terre béarnaise. Cette situation lui confère la sécurité qui seule permet les longs espoirs et les vastes desseins.

Mais, en cette revue d'ensemble, la patrie d'Henri IV ne doit nous intéresser que par son côté strictement pyrénéen. D'année en année, son rôle se singularise et s'agrandit. La capitale du Béan rayonne sur la partie des Pyrénées qu'on aperçoit de son fameux boulevard et qui dresse sa haute muraille neigeuse depuis les monts de la Bigorre jusqu'aux verdoyants coteaux du pays basque. Ville d'hiver et ville d'été, ville de plaine et ville de montagne, elle peut, grâce à la continuité de sa vie locale, grâce au prestige qui s'attache à son nom, être tenue pour la métropole de la région qu'elle commande, qu'elle illustre.

Les autres stations, situées dans des vallées profondes qui les isolent de leurs voisines — de leur rivales — ne constituent que des groupements animés d'un esprit personnel assez étroit, et manquant de ressources. La saison est si courte, si incertaine. Il faut se hâter. Le lien nécessaire entre tant de forces qui se neutralisent, c'est Pau.

C'est en effet à Pau que se publie le *Bulletin
Pyrénéen,* organe de la Fédération des sociétés
pyrénéistes, une fort jolie revue abondamment
illustrée, rédigée par des hommes compétents
et présentée avec beaucoup de goût.

***

Ceci dit, revenons aux Pyrénées.

Elles prennent, avec les 2,504 mètres du pic
d'Anie, l'allure et la dignité de véritables montagnes. L'éclatante vallée d'Aspe, considérée
avec raison comme une des plus pittoresques
de la chaîne, mérite une renommée consacrée par
une longue tradition. Oloron-Sainte-Marie, heureusement située au confluent des gaves d'Aspe
et d'Ossau, est la clé de cette région qui sut,
au cours des siècles, lutter si vaillamment pour
conserver son indépendance, mais que la fièvre
d'émigration dépeuple de plus en plus. Saint-
Christau, Bedous, Accous, Urdos en sont les
points principaux. Au delà de ce dernier village,
dominé par un fort perché sur un rocher, la
route atteint le Somport (1,640^m), frontière d'Espagne, d'où elle redescend, après avoir traversé
le bourg de Canfranc, à la vieille et curieuse
ville de Jaca.

Cité « héroïque », illustrée par sa résistance aux Sarrasins, Jaca, siège d'un évêché, abrite dans ses maisons à miradores et à balcons ouvragés plus de 5,000 habitants et s'enorgueillit d'une cathédrale gothique finement sculptée, construite en l'an 1040. C'est assez dire l'intérêt que présente ce coin si ardemment espagnol qui possède en ses environs immédiats maints sommets dignes d'une visite, comme le Bisauri (2,669^m), la Pala de Yp (2,781^m), la Peña Collarada (2,883^m).

La vallée d'Ossau est un monde très particulier, resté fidèle à ses vieilles traditions. Elle intéresse les touristes, les curieux, les savants. Aux grâces multiples d'un paysage riche en contrastes, elle joint l'attrait de ses coutumes locales dont la persistance s'affirme — pour combien de temps encore ? — dans l'habit, lequel est un des plus originaux de nos provinces françaises.

Les deux stations voisines des Eaux-Bonnes et des Eaux-Chaudes sont, du côté de l'Océan, les premiers centres de tourisme importants.

Ce qui frappe d'abord, à Eaux-Bonnes, c'est la propreté, l'air joyeux et pimpant des demeures. Nous sommes très haut pourtant, à 748 mètres d'altitude, et cependant on n'éprouve pas cette sensation de manque d'air, d'étouffement qui accable d'abord les voyageurs nouveaux venus à la montagne. Le lieu est d'ailleurs gentiment aménagé. La promenade horizontale, réservée aux piétons, circule aux flancs du pic de Gourzy (1,839^m), d'où il est facile d'atteindre le pic de Ger (2,612^m), un des observatoires les plus justement célèbres des Pyrénées. Il convient de signaler encore le lac d'Artouste, le Pas-de-l'Ours, et surtout le Gabizos (2,684^m).

Les Eaux-Chaudes complètent de la plus heureuse façon les Eaux-Bonnes. Cette station thermale, qui fut un des séjours préférés d'Henri IV, est située à 675 mètres d'altitude, sur le gave d'Ossau, dans une gorge sauvage que surplombent des rochers hérissés de sapins. Si elle n'offre guère de ressource au promeneur désabusé que ne retiennent point les nécessités de la cure, elle est en revanche un des centres d'excursions les plus importants des Pyrénées. Le Pic du Midi d'Ossau (2,885^m) suffirait à lui seul pour attirer les amateurs. C'est un personnage considérable et qu'il faut considérer avec respect. Sa forme élancée, la hardiesse très personnelle de sa double fourche, son isolement, le désignent dès l'abord à l'attention et son périlleux renom ajoute encore à sa gloire.

C'est de Gabas qu'on entreprend généralement l'escalade, de Gabas qui, situé à la jonction des vallons de Bious et de Broussette, à

1,125 mètres d'altitude, est le point de départ classique pour toutes les incursions en haute montagne. L'ascension du Pic du Midi présente certaines difficultés qui séduisent les grimpeurs. Il est nécessaire d'user des pieds et des mains dans le premier couloir, incliné à 80° de la face nord-est. Deux autres cheminées, dont la dernière est inclinée à 70°, seraient infranchissables à ceux qui redoutent le vertige. De la cime, la vue frappe surtout par sa désolation, sa tristesse. Les péripéties de l'ascension, bien plus que le panorama, ont de tout temps signalé ce pic, qui fut gravi pour la première fois, en 1796, par Delfau, pour la seconde fois par le marquis d'Angosse et Augerot, en 1802, l'année même ou Ramond atteignait enfin le sommet du Mont-Perdu.

Bien qu'il appartienne également à Cauterets, si riche par ailleurs, on peut rattacher aux Eaux-Chaudes un massif fameux entre tous, le premier du côté de l'Océan qui dépasse 3,000 mètres, et dont l'ascension est possible, sinon facile, par le lac d'Artouste et le col d'Arrémoulit (2,455ᵐ) ouvert entre le Palas (2,976ᵐ) et l'Ariel (2,825ᵐ) : le Balaïtous.

Surnommé autrefois le « Cervin des Pyrénées », le Balaïtous (3,146ᵐ) jouit d'une grande réputation dans les milieux pyrénéistes, empressés à l'explorer, à le décrire. Le vallon fermé, la crête de Cristail, la Frondella, la Brèche-Latour, la cabane Darré-Spumous ont inspiré aux grimpeurs, aux érudits, des articles, des brochures, des livres. On en discute dans les cénacles, et ce zèle est fort louable. Il prouve que les Pyrénées, injustement dédaignées des « alpinistes », inspirent encore à une élite des passions fortes dont le rayonnement, souhaitons-le, grandira, finira par tuer ce vieux préjugé, qui refuse à nos montagnes la grandeur, sous prétexte qu'elles possèdent déjà le charme.

Le Balaïtous a d'ailleurs une histoire glorieuse. La première ascension date de 1825. Elle a été effectuée par les lieutenants géodésiens Peytier et Hossard, chargés de la triangulation du premier ordre, qui ont laissé de leurs pénibles campagnes un récit émouvant dans sa simplicité. La seconde ascension fut accomplie longtemps après, en 1864, par le célèbre touriste anglais Charles Packe, suivi à quelques jours d'intervalle par son ami le comte Henry Russell, dont nous allons désormais retrouver le nom partout, en ces Pyrénées qu'il révéla au public et qui conservent si pieusement sa mémoire.

Ici s'arrête le territoire de Pau. Deux vallées pittoresques : Aspe et Ossau, deux stations thermales : Eaux-Bonnes et Eaux-Chaudes, un coin d'Espagne romantique, Jaca, deux pics de premier ordre, le Pic du Midi et le Balaïtous. Il y a là de quoi séduire les amateurs de pittoresque

★
★ ★

Le col d'Aubisque (1,710^m) permet de passer de la vallée d'Ossau à la vallée d'Argelès sans quitter la haute montagne. Ici le décor change, il s'élargit, s'agrandit, atteint vraiment au sublime. Il commence à Lourdes et s'arrête à Gavarnie. Entre la grotte miraculeuse et le Cirque éblouissant, que d'étapes !

Lourdes appartient plutôt à l'écrivain, au philosophe, qu'au montagnard. Cette ville extraordinaire, bâtie sur l'idée, n'est pyrénéenne que par sa situation à l'entrée de ce Lavedan prometteur de merveilles. Sa vie personnelle, dont l'intensité s'accroît sans cesse, est complètement étrangère à la vie locale. D'autres préoccupations, étrangères à la grâce du site, ont édifié cette basilique hardie, ces monastères, ces vastes hôtels, répandu dans les avenues poudreuses cette foule bruyante et recueillie empressée aux éventaires où se débitent les croix, les médailles, les chapelets.

Mais Lourdes, dont la situation est, par elle-même, fort belle, commande la région la plus importante, la plus fréquentée des Pyrénées. A ce titre — et à bien d'autres encore — elle mérite d'être saluée avec respect par le touriste que le funiculaire, collé aux flancs du grand Jer satisfait médiocrement.

Argelès nous rend à la montagne. C'est surtout une station hivernale fréquentée par les Anglais, qui s'y sont installés à cause de son climat exceptionnellement doux, de ses environs charmants. On y coule des jours heureux partagés entre des promenades dans le parc et des parties de golf. La vie est plus facile ici qu'à Pau, où les distractions sont prodiguées avec une libéralité peut-être excessive.

Argelès n'offre guère d'ascensions véritables en dehors du fameux Balaïtous qu'on peut atteindre par la vallée d'Arrens. Mais après Pierrefitte-Nestalas, nous allons retrouver les grands pics, ceux qui se dressent là-bas, à la frontière d'Espagne, le Vignemale, le Mont-Perdu, le cirque de Gavarnie...

Ici nous pénétrons dans le coin le plus vivant

des Pyrénées. Luz, Saint-Sauveur, Cauterets, Barèges, Gavarnie sont des stations sérieuses, admirablement aménagées en vue du public fidèle qui les fréquente.

Forcées de compter leur fortune modique menacée par les rigueurs de l'hiver, des inondations, des avalanches, elles la gèrent avec une prudence ingénieuse, attentive aux détails négligés par des rivales plus riches, moins économes.

Serrées les uns contre les autres, comme des petits soldats qui se sentent les coudes, les maisons se tiennent bien droites, adossées aux rocs, les pieds baignant dans le gave dont la fureur les éclabousse et les ébranle. Pas un pouce du sol n'est perdu; le moindre plateau supporte une grange, une baraque, un banc rustique. Des poteaux fichés en terre proclament à tout moment l'altitude qui renseigne les promeneurs inquiets sur la progression de la cure dite « de terrain ». Mille sentiers ombreux, tracés avec un art habile à ménager la pente, s'insinuent au flanc de la montagne roide, qu'ils enserrent de leurs lacets croisés. Aux points essentiels, désignés par la splendeur ou l'intérêt du spectacle, s'élèvent des auberges propres, abondamment pourvues de vivres, pour l'affamé confiant que dévore, en outre, une soif ardente. On trouve partout des chevaux au pas allègre et ferme, des voitures décentes, des guides qui connaissent leur métier.

Barèges n'est pas gai. Barèges n'a pas la prétention d'amuser mais de guérir. Et il y réussit, comme chacun le sait. D'ailleurs Barèges est un excellent centre d'ascensions.

C'est de là que Ramond s'élança, en 1802, à la conquête du Mont-Perdu. C'est de là qu'on part généralement pour gravir le Néouvielle (3,092^m), à qui sa situation en avant de la chaîne confère une vue prestigieuse sur les gradins neigeux du cirque de Gavarnie. Le Néouvielle est un des rares pics pyrénéens qui possèdent une histoire, grâce à M. de Chausenque, qui en fit l'ascension en 1847. Les lacs innombrables qui scintillent à sa base, au milieu des sapins grêles, donnent une grâce bien caractéristique à ces paysages qu'on peut contempler également du pic Long (3,194^m), du Cambieil (3,175^m), ou du Badet (3,040^m). De toutes ces nappes d'eau la plus importante et la plus connue est le lac d'Orrédon (1,878^m), pourvu d'une cantine où se débitent des vivres. Les lacs d'Aumar, d'Aubert, d'Escoubous, de la Glaire, de Tracens, d'Aygues-Cluses complètent, sans l'épuiser, la riche série dont les sierras de Catalogne, situées au sud du val d'Aran, offrent seules l'équivalent.

*
* *

Cauterets réalise le type accompli de la station « comme il faut ». La vie qu'on y mène est beaucoup plus familiale et sportive que mondaine. Ce n'est pas l'étoile du casino qui tient la vedette, c'est la montagne toute proche, qu'on voit, qu'on sent, du matin au soir, du soir au matin. On l'aime pour elle-même, sans faste, sans fausse honte. On n'hésite pas à lui sacrifier quelques heures de sommeil, à risquer la courbature, le coup de soleil. L'air plus vif, plus frais, n'est pas un conseilleur de paresse. Il est un stimulant, il invite à l'action.

Malaisément on résiste à la tentation figurée par les cavalcades de petits chevaux nerveux agrippés aux sentiers qui montent au lac de Gaube, au col de Riou, vers les vallées de Lutour ou du Marcadau. Sur la place animée d'un joyeux tumulte, les guides en veste bleu de ciel, devisent avec des messieurs résolus à l'ascension du Cabaliros ou du Monné. Des ânes, chargés de victuailles et de couvertures, passent, fouaillés par un gamin en espadrilles, empressé à rejoindre la caravane engagée dans les lacets du Péguère. Des amateurs photographes, qui s'apercevront demain que leurs clichés ont « trop de pose », s'exercent à croquer discrètement la silhouette d'une bande d'Anglais combinant une traque à l'isard dans les parages de l'Ardiden ou de la Cèbe. Des buveurs circulent portant en sautoir le petit verre enfermé dans un étui d'osier. En voici qui partent, en voici qui reviennent. Et ils paraissent contents, car ils ont tous trouvé, en ce coin charmant, des distractions saines, conformes à leurs aptitudes et à leurs goûts.

Les grands marcheurs ont ici le Vignemale (3,298ᵐ) le plus haut pic des Pyrénées françaises, géant notoire encore que débonnaire, dont je tenterai d'esquisser la noble figure. Ils jouiront, du sommet de la Grande-Fache (3,020ᵐ) d'un panorama fort étendu sur les montagnes des Basses-Pyrénées dominées par le Balaïtous, lequel est également accessible de Cauterets. Les pics d'Enfer (3,082ᵐ), d'Arualas (3,061ᵐ) et d'Algas (3,047ᵐ) sont, dans les environs, les plus intéressants à gravir pour le touriste désireux de visiter, en passant, les bains espagnols de Panticosa.

Cauterets honore la montagne. Le piolet qui, à Luchon, fait rougir de pudeur les ombrelles claires, est le compagnon des jeunes gens qui rentrent à la tombée de la nuit, s'asseoir, affamés et joyeux, devant la nappe étincelante. Et les dames elles-mêmes ne dédaignent pas, quand le guide affirme, en patois, que le temps sera beau, d'arborer la jupe courte et de poser sur leurs cheveux, strictement noués, le béret basque.

★
★ ★

Cauterets est une station thermale, Gavarnie est un petit village dont l'existence tient uniquement au Cirque qui a répandu son nom à travers le monde. Ceci passe, à bon droit, pour être la merveille la plus complète, la plus émouvante, la plus caractéristique des Pyrénées, pourtant riches.

Vous n'attendez pas ici, dans cette revue d'ensemble, une description détaillée d'un lieu vanté par les manuels, exploré en ses moindres recoins. Signalons seulement son importance capitale due à sa beauté, son prestige traditionnel, sa facilité d'accès. Grâce à son altitude (1,350 ^{m}) Gavarnie est le seul centre de tourisme d'où il soit possible d'accomplir une ascension de 3,000 mètres en une journée, sans coucher làhaut. Et cet avantage n'est pas à dédaigner dans un pays où l'insuffisance et l'incommodité des

LE VIGNEMALE
(Près Cauterets.)

LE MARBORÉ
(Cirque de Gavarnie.)

gîtes effraient les plus valeureux. Aussi la foule se presse-t-elle à Gavarnie.

L'exploration du cirque ne demande en réalité que quelques jours. La première visite devra être, semble-t-il, pour la Brèche de Roland (2,804ᵐ). C'est une promenade de quatre petites heures sur des névés faciles. La coupure nette, verticale, a toutes les apparences d'une œuvre humaine. Quant à la vue, elle est complète : sur la France, des montagnes rondes, couvertes de sapins noirs, des vallées verdoyantes ; sur l'Espagne, des pics décharnés, jaunes et rouges, qui fument sous l'ardent soleil. Le Casque du Marboré (3,018ᵐ) tout proche, étonne par sa masse légère et contournée qui semble posée sur la crête. On peut atteindre, en passant par la Fausse-Brèche (2,948ᵐ), le Taillon (3,146ᵐ) qui offre un beau panorama, et le Gabiétou (3,033ᵐ) dont les aiguilles de glace sont justement célèbres. Enfin, le Marboré (3,253ᵐ) ferme le cirque à l'Est. Imaginez une muraille droite et lisse, striée d'arabesques folles et dominant Gavarnie d'un formidable à pic. De cette terrasse, on aperçoit au sud-ouest, un pic plus élevé encore, le Cylindre du Marboré (3,327ᵐ) qui cache à demi la tête blanche du Mont-Perdu (3,352ᵐ). Vous voyez que ledit Mont-Perdu n'appartient pas au Cirque proprement dit, et qu'il est situé en Espagne.

D'autres cirques, tributaires de Gavarnie, s'ouvrent dans l'incomparable massif. Moins vaste, mais d'une ordonnance plus harmonieuse, le cirque de Trumouse apparaît, au milieu de ces monts chaotiques, comme une miniature charmante. La Munia (3,150 m) qui le domine peut être tenue pour une des plus jolies pointes des Pyrénées. Le village d'Héas, fort heureusement situé à sa base, est en même temps qu'un lieu de pèlerinage, un excellent centre d'excursion pour cette région qui s'enrichit de las Louseras (3,002 m), de la Gela (2,849 m), des Aiguillous (2,960 m). Il faut citer encore les cirques espagnols de Barrosa, de Cotatuero, remarquables par la coloration et la régularité de leurs gradins abrupts, généralement dépouillés de neiges.

*
* *

Bagnères-de-Bigorre est, par sa population, la plus importante station thermale des Pyrénées. Mais cette ville, laborieuse et animée, a trouvé dans l'industrie des moyens d'existence qui lui permettent de reléguer au second plan les préoccupations locales. L'air qu'on respire sur les Coustous est encore l'air de la plaine,

légèrement aromatisé par la senteur forte des
pins. Nulle crête menaçante ne dresse sa silhouette au-dessus des maisons espacées, entourées de jardins fleuris. C'est ici l'asile du calme,
du recueillement, de la flânerie. Notre Montaigne
y vécut.

Pourtant le grandiose n'est pas loin. Il se
cache, par coquetterie ou par crainte d'effaroucher. Chacun connaît le Monné, le Montaigu, la
vallée de Lesponne, le lac Bleu qui est le plus
profond et le plus limpide des Pyrénées. Quant
au Pic-du-Midi, c'est un personnage si considérable qu'il mérite une présentation spéciale.
Nous devons, en passant, un salut aux savants
désintéressés qui ont conçu et réalisé, au prix
de quels sacrifices, l'observatoire dont les émi-
nents services ne se comptent plus.

On passe de la vallée de Campan à la vallée
d'Aure par le col d'Aspin (1,497ᵐ), célèbre à
l'époque pas très lointaine où l'on accomplissait, à cheval ou en voiture, la classique « tournée
des eaux » de Luchon à Eaux-Bonnes « par la
montagne ».

Il ne manque à la vallée d'Aure qu'une station
thermale fréquentée pour devenir une des plus
riches des Pyrénées. Elle est, simplement, délicieuse. Mais la clientèle d'aujourd'hui est trop
exigeante pour se contenter du gîte offert par

Arreau, Vieille-Aure, Saint-Lary, Tramezaygues,
gros bourgs vraiment inconfortables quoique si
accueillants. Seuls des touristes peuvent actuellement y prendre leurs quartiers afin de rayonner
vers le Lustou (3,025^m), le Batoa (3,035^m), le Bat-
chimale (3,178^m), points culminants du pays.

★
★ ★

La vallée de Louron marque la limite des
Hautes-Pyrénées. Au port de Peyresourde
(1,545^m), nous pénétrons dans la Haute-Garonne,
et voici que s'allument les lumières de Luchon.

Luchon est la reine des Pyrénées. Elle porte
depuis des années, non sans quelque arrogance,
ce titre que nul ne lui conteste et qui est,
d'ailleurs, assez vain. Et malgré des éclipses
dues à son excès d'orgueil, à la mauvaise administration d'une fortune jugée trop solidement
assise pour être jamais entamée, malgré le
mépris qu'elle affecte — qu'elle affiche — envers
la montagne complètement délaissée aujourd'hui,
après avoir été si en honneur jadis, Luchon
reste — car le paysage ne change pas — la reine
de ce pays, où ont surgi, à son insu, tant de
jeunes et d'accortes princesses.

Je ne tracerai pas ici un croquis de ce lieu
charmant dont j'ai eu si souvent l'occasion

de signaler la coupable indifférence. J'abandonnerai cette tâche au chroniqueur mondain armé de verve. Je vous montrerai simplement que les environs de Luchon sont, par leur richesse et leur variété, incomparables, et que le montagnard est ici parfaitement d'accord avec le clubman.

La région luchonnaise comporte quatre grands massifs, dont les deux plus élevés de la chaîne. Ces derniers sont situés en Espagne, derrière la ligne de faîte, ce qui rend leur exploration longue et pénible. L'effort rapide du virtuose s'y essouffle plus rapidement que sur les calcaires de Gavarnie. En revanche, les marcheurs endurants et braves, capables de se suffire à eux-mêmes pendant plusieurs jours, trouvent dans leurs solitudes encore mal connues mille occasions de vivre une vie ardente et magnifique.

Pics ruinés par la foudre, rocs branlants, glaciers crevassés, torrents, sources, lacs encombrés de banquises, la nature prodigue a entassé là, dans un désordre sublime, les spectacles les plus propres à charmer le regard, à émouvoir la sensibilité, à marquer devant notre intelligence éblouie les traces des grands cataclysmes qui ont bouleversé la terre à l'époque de sa jeunesse. On rapporte un enseignement, en même temps que des joies d'une visite aux Monts-Maudits, dont le plus haut pic, l'Aneto de la Maladetta (3,404^m) vulgairement appelé Néthou, est le point culminant des Pyrénées. Des semaines, des mois ne suffiraient pas pour explorer ce vaste massif granitique, déserté des hommes, hanté par les isards tremblants. Et la solitude s'aggrave encore aux alentours du noir Posets (3,367^m), effondré sur ses assises de schiste, perfide, triste, monotone, ennuyé, ennuyeux. Le second pic des Pyrénées, — Aragonais lui aussi, — décourage par son éloignement les meilleures volontés et ne reçoit guère que des visites de pure courtoisie, largement récompensées d'ailleurs par l'étendue de son panorama.

Les montagnes qui marquent la limite entre la France et l'Espagne, et qui dépassent l'altitude de 3,000^m, revêtent sur chacune de leurs faces le caractère des deux pays qu'elles dominent. Tandis que le versant méridional, abrupt, ensanglanté, s'effrite de jour en jour, sous les coups de foudre et l'usure du soleil, c'est par de larges assises couvertes de glaciers, par des gradins majestueux et réguliers que les nobles Pyrénées s'abaissent lentement vers les plaines de la Garonne et de l'Adour. Et toute la différence entre les deux nations latines est inscrite au front de ces monts symboliques qui les séparent.

Depuis le lac Caillaouas, qui déverse ses eaux dans la Neste de Louron, jusqu'aux pointes du Boum (3,060 ^{m}) qui ferment à l'est le Cirque du Lis, la frontière présente une muraille ininterrompue. C'est la région la plus neigeuse des Pyrénées, la seule qui offre un ensemble de glaciers étroitement soudés et cependant personnels. Le lac d'Oo et la vallée du Lis en sont les points d'accès. C'est dire qu'on peut varier à l'infini les ascensions dans le prestigieux massif.

Une station qui possède dans son rayonnement immédiat les Monts-Maudits, le Posets, le Cirque du Lis et le port d'Oo — sans compter le val d'Aran et les Sierras de Catalogne — mérite bien d'être appelée la reine des Pyrénées.

Mais Luchon apprécie médiocrement de pareils trésors dont le moindre suffirait pour assurer la renommée d'une station vraiment soucieuse de ses intérêts. Ici l'on danse, on cause, on joue, on s'amuse, on se promène : on ne marche pas.

On n'a pas le temps, puisqu'on *doit*, en trente-trois jours, avoir vu *toutes* les Pyrénées, et puisque les malades, condamnés jadis à une cure d'un mois, sont libérés, renvoyés dans leurs foyers, après vingt et un jours de humage et de gargarisme. Alors, on se dépêche. On regarde le programme. On visite d'abord la vallée du Lis — très jolie — puis le lac d'Oo — Dieu que c'est beau ! — enfin, si l'on ne redoute pas le cheval, le port de Vénasque — superbe, mais combien rude et long ! Le reste est facultatif. On s'en dispense. Ce sera pour une autre fois, l'année prochaine, certainement. S'il fallait aller partout on n'en finirait plus.

Et puis, au fond, la montagne c'est toujours la montagne : des prairies, des cascades, des forêts avec des moutons qui bêlent, des vaches stupides qui regardent les gens avant de foncer dessus, des auberges malpropres où l'on ne trouve même pas une tasse de thé. D'ailleurs, il y a encore Lourdes et ses pèlerinages, Gavarnie et son Cirque, il y a encore Cauterets et Barèges, et les Eaux-Bonnes et les Eaux-Chaudes. Et Pau ? Franchement, on ne peut quitter les Pyrénées sans avoir vu Pau, et le château d'Henri IV, et le fameux boulevard. Quant à Biarritz, lequel de ces messieurs ou dames avouerait avoir brûlé Biarritz. On ne brûle pas Biarritz ; c'est Biarritz qui vous brûle.

Marcher ! Employer ce mode désuet, périmé, ridicule, dont la survivance constitue un anachronisme, alors que l'auto ne va pas assez vite, au gré des riches qui veulent, selon la formule adoptée par les constructeurs dans leurs prospectus « passer l'été agréablement et *rapidement* ».

Marcher, c'était bon autrefois quand la rareté, la difficulté, le haut prix des moyens de transport, en condamnant la foule à des villégiatures de banlieue ne permettaient l'accès des Pyrénées lointaines qu'à une élite soucieuse surtout de se retrouver, en un joli décor, entre gens du même monde.

À l'époque où la saison des eaux durait deux ou trois mois, Luchon rayonnait d'un éclat d'autant plus vif qu'elle était, — elle l'est encore, puisque ni le climat ni le paysage n'est changé, — la seule station pyrénéenne qui grâce à son altitude moyenne et à son exposition, favorisât les longs séjours. Installée à demeure pour une période indéterminée que n'altérait pas le souci des affaires, abondamment pourvue de relations, donc dédaigneuse des amusements collectifs institués en vue de ceux qui, ne connaissant personne, cherchent à s'introduire dans les milieux ordinairement fermés, cette clientèle ne songeait qu'à tirer le meilleur parti des éléments de plaisir que la nature, prodigue, offrait à sa curiosité sans cesse éveillée.

Reléguée aujourd'hui à l'arrière-plan par les

kermesses, batailles de fleurs, tournois d'escrime, garden-parties et autres divertissements inventés par le Casino pour retenir — au Casino, non à Luchon, — un public disparate qui ne vaut que par le nombre, la montagne était vraiment la grande, l'unique attraction. Les hôtels formaient alors des centres intimes où l'on était assuré de rencontrer une bonne compagnie exempte des personnages douteux qui sont la plaie des stations thermales et balnéaires : éphèbes inquiétants, beaux, bruns, — trop beaux, trop bruns, — filles haut cotées ou matrones au cœur débordant sous les dentelles complaisantes. Comme on se couchait tôt, on s'arrachait volontiers du lit à la première sonnerie du réveil annonçant l'arrivée prochaine du guide, tenant en main les chevaux piaffant sur le sol dur des allées d'Étigny. Le soleil paraissait à peine derrière le sommet rond de Couradilh que déjà les joyeuses cavalcades, échauffées par un temps de trot, abordaient, au pas, la rampe de Castel-Vielh, le pont de Mousquères ou les lacets de Ponjastou.

Et l'on ne se contentait pas d'aller vers les coins actuellement encore inscrits au programme de plus en plus réduit. D'année en année, sous la poussée d'une insatiable ardeur, le cercle des promenades, des excursions s'élargissait. La haute montagne bénéficiait de cette fringale. Nul homme valide n'eût consenti à quitter la reine des Pyrénées sans avoir couché une nuit à la Rencluse, visité la ville de Vénasque, tenté l'ascension de la Maladetta ou des Crabioules, tué un isard sur les crêtes du Quaïrat ou du Perdighero.

Aujourd'hui, montez donc, pour voir. Il n'y a personne, personne.

Cette clientèle a disparu, emportée par l'auto dévorante à qui la France ne suffit plus. Une autre l'a remplacée, qui, limitée en ses débours et ses loisirs, assoiffée de plaisirs mondains dont le Casino lui offre une image taillée à sa mesure, se contente, dans les entr'actes, de petites promenades ne nécessitant ni fatigue, ni dépense. Les Quinconces, les fameux Quinconces où l'on ne se réunissait jadis que le matin, à l'heure de la musique, pour combiner l'excursion du lendemain, gardent maintenant jusqu'au soir une clientèle de badauds affalés sur les bancs, de promeneurs décidés à tuer le temps en attendant le dîner à prix fixe dans des restaurants de banlieue. Des reliefs de charcuterie, des boîtes de sardines, des papiers gras évocateur de ripailles, jalonnent les jolis sentiers qui montent, à travers bois, vers la Chaumière et la Fontaine d'amour. On déjeune sur l'herbe à Luchon, comme à Chaville, comme à Viroflay !

L'éclipse, sans doute, n'est que passagère. Des symptômes heureux en annoncent le terme. Bien que sa cour ait perdu en prestige et en qualité, Luchon demeure la reine des Pyrénées, titre pratiquement assez vain, mais significatif et mérité. Luchon conserve ses brillants équipages, son incomparable cavalerie, sa corporation de guides qui lui ont assuré — et lui maintiennent présentement — un rang unique parmi les stations de France et d'Europe. Luchon résiste depuis des années à la mauvaise fortune provoquée en grande partie par sa confiance excessive, son étroitesse d'esprit, son goût effréné pour la politique. Luchon se réveille, accueille l'initiative des étrangers qui prouvent, par leur empressement à porter leurs capitaux, leur foi dans l'avenir. Les sports d'hiver, établis d'après un judicieux programme, semblent devoir s'acclimater sur les vastes pentes neigeuses de Superbagnères, reliées à la ville par un petit train que ne rebute pas la rude montée à travers les sapins. Les beaux jours, certainement, reviendront.

Ceux d'autrefois sont partis parce qu'on les négligeait, parce qu'on ne tentait nul effort pour corser, pour varier le menu offert à leur appétit largement satisfait ailleurs. Quand ils seront sûrs de trouver, avec les égards dus à

ceux qui paient, les installations luxueuses
devenues indispensables, alors ce sera de nouveau la cohue élégante définitivement recon-
quise et qui abandonnera aussitôt les autres
villégiatures, adoptées par dépit. Car les palaces
fastueux, les théâtres, les casinos, on peut les
bâtir n'importe où. C'est affaire d'argent que
de créer des hippodromes, des terrains de golf,
d'organiser des galas, d'engager des artistes
notoires, de distribuer des prix, des médailles,
des bannières. Mais les lacs, les cascades, les
forêts, les glaciers, voilà qui échappe au pouvoir
de l'impresario, du directeur, du gérant. Et
ici, ce n'est pas deux ou trois paysages qui
méritent l'admiration. C'est par centaines, par
milliers, que la haute montagne prodigue les
aspects pittoresques ou émouvants, rustiques
ou grandioses, et si une trentaine seulement
sont baptisés, c'est à cause de la saison trop
courte, du temps qui passe trop vite.

Tous les éléments d'attrait figurent en ce coin
privilégié qui, en raison même de son importance et de son renom, a souffert, plus que les
autres, de la défaveur actuelle. Souhaitons que
Luchon s'occupe enfin d'exploiter les deux
seules richesses capables de lui restituer son
ancienne prospérité : la vertu des eaux, la
beauté du site.

CHAPITRE II

PYRÉNÉES D'ORIENT

Pourquoi la foule a tort de les négliger. — Le Val d'Aran et les sources présumées de la Garonne. — Les Sierras de Catalogne, région sublime entre toutes. — L'Ariège, les mines et les forêts. — Le Comté de Foix. — Aulus et Aix-les-Thermes. — Le val d'Andore et la Seo d'Urgel. — Les sources de l'Aude. — La Cerdagne française : Mont-louis et Bourg-Madame. — La Cerdagne espagnole : Puig-Cerda. — Le Canigou. — Le Vallespir. — Vernet-les-Bains « Paradis des Pyrénées-Orientales ». — Amélie-les-Bains. — Perpignan et le Roussillon.

Parallèle à la vallée de Luchon, mais plus longue, plus ramifiée, la vallée d'Aran est une enclave espagnole qui, géographiquement, devrait appartenir à la France, puisque, située sur le versant septentrional, elle est séparée de la Catalogne — province de Lerida — dont elle dépend, par la crête frontière.

Complètement fermée au sud, forcée d'entretenir des relations constantes avec la France, vers qui se pressent les eaux fougueuses de la

Garonne née aux confins de son territoire, fréquemment visitée par les touristes et les voyageurs de commerce, pourvue de bonnes routes carrossables, cette région charmante, jolie, aimable, a fatalement perdu, grâce à un contact permanent, le caractère âpre et rude qui singularise les villages, farouches dans leur humilité, situés au delà du grand mur pyrénéen. Et c'est à peine si quelques vieilles églises, quelques posadas fleurant l'anisette et le vin, quelques maisons à miradores maintiennent aux yeux du passant la couleur locale attendue.

Quant aux Aranais, ils ont depuis longtemps renoncé au costume romantique qui confère aux paysans d'Aragon une allure si désinvolte, si courtoisement méprisante. Seuls les carabiniers flânant dans les ruelles aux cailloux pointus se chargent de vous rappeler par leurs exigences, leur curiosité indiscrète, leur âpreté au gain, que vous êtes en Espagne, c'est-à-dire qu'il faut payer — en monnaie française — le droit de transporter une carabine, une tente, un appareil photographique. Et je ne rencontre jamais un de ces rançonneurs du pauvre monde sans penser au mot si drôle que me disait un soir, à Monastir, le drogman du consulat de Grèce : « Tu vas sortir ? Prends garde, la campagne n'est pas sûre : il y a trop de gendarmes ! »

Et pourtant, les zaptiehs turcs sont de bons bougres, je vous l'affirme.

Il n'importe, on s'arrange toujours avec quelques pesetas gentiment réparties entre les faméliques. Le jeu mérite d'ailleurs ce léger sacrifice. Car le massif montagneux qui domine et limite la vallée d'Aran constitue dans les Pyrénées si uniformément, si simplement belles, un ensemble si personnel, si original, que cette région — appelée les sierras de Catalogne — a pu être comparée au Tyrol. Une douzaine d'expéditions — je pourrais écrire d'explorations — menées d'après un programme soigneusement établi à travers ces solitudes effrayantes me permettent de garantir à tous les amateurs d'inédits, fortement équipés et encadrés, des émotions sans pareilles. On chercherait en vain ailleurs, à Gavarnie ou à Cauterets, aux Eaux-Bonnes ou à Luchon, des paysages aussi bouleversés, aussi désespérement mélancoliques, aussi délabrés. On dirait vraiment que ce coin-là est plus vieux, qu'il a subi depuis plus longtemps la colère du ciel, qu'il atteste un âge plus ancien que la terre. On éprouve devant lui l'émotion poignante que provoque le spectacle des ruines.

Rien de banal, rien d'indifférent, rien de déjà vu, ici. Tout est porté au suprême degré, dans la grâce comme dans l'austérité, dans la douceur comme la violence. C'est une miniature et une fresque. Il y a là des petits lacs immobiles qui dorment gentiment dans leur ceinture de granits entourés de bruyères, des vastes forêts peuplées de sapins échevelés, des crêtes en dents de scie, des aiguilles rouges qui semblent saigner au soleil, des murailles jaunes labourées par les avalanches, des bouts de glaciers accrochés aux pentes abruptes, des pyramides, des pointes, des flèches, des dômes.

Les vallées sont creuses, étroites, tordues, occupées par le torrent qui galope, qui hurle, qui écume. Car il est pressé de partir, de quitter ces lieux, de s'en aller vers les plaines où l'on se repose, où l'on dort au soleil, où l'on bavarde avec les camarades descendus d'en haut, eux aussi.

Les villages ne sont pas, comme chez nous, disposés en chapelet sur le versant de la montagne exposé au soleil, reliés par des routes larges, accessibles aux voitures. Serrés, aplatis entre l'étau des rochers qui les entourent, qui les dominent, ils se terrent dans les trous d'ombre, à l'abri des vents. Ils s'appellent Espot, Esterri-de-Aneu, Erilavall, Bohi. Imaginez un tas de petites maisons basses, trapues, aux murs noirs, aux toits bleus. Ces masures misérables et vénérables, vieilles, maladroitement rafistolées,

qui servent de demeure aux hommes et aux
bêtes, sont quand même des foyers de vie. On y
chante, on y danse, on y gratte la guitare, on y
voit tourner aux bras des garçons les filles à la
peau ambrée. Quand, après des jours passées
là-haut, on y descend pour se ravitailler, on
est surpris, ému, de cette parfaite adaptation au
milieu. Ces gens, pauvres, ne se plaignent pas,
ils ont su tirer un excellent parti des conditions,
pourtant si dures, que leur impose la montagne
où ils sont nés, où ils vivent sans peine en attendant de mourir sans peur. Ce sont des sages,
ils nous donnent une leçon. Nous l'écouterions
volontiers si la voix de la nature n'était plus
forte, plus impérieuse, plus significative encore.

Vous pensez bien que je ne vais pas, dans
cette vue d'ensemble vous décrire en détail les
sierras de Catalogne. Ce livre n'y suffirait
pas. Mon devoir est simplement de signaler
l'importance et la beauté de cette région presque
inconnue, relativement proche de Luchon, voisine
des Monts-Maudits, et accesible à une équipe
sérieuse, pourvue d'un matériel de campement.
Comolo-Forno, Bécibéri, Montarto d'Aran, Colomès, Saburedo, Subenulls, Peguera, Peso, les
Encantados, Comolos-Pales, Comolos-Altes, Co-
molos-Bienes, voilà, cités au galop, les principaux massifs de ce vaste territoire dont les

villages aranais de Viella, d'Artias et de Salardu sont les points de départ.

Les sierras de Catalogne doivent être considérées comme le paradis des chasseurs, des pêcheurs, des grimpeurs, comme le refuge de tous ceux qui, fuyant le tumulte des stations à la mode et la banalité des excursions classiques, veulent mener, au milieu des solitudes, une vie libre. Les quelques explorations réussies au cours de ces dernières années ne les ont pas déflorées. Elles gardent, elles garderont longtemps encore des surprises aux amateurs d'inédit. Et c'est pourquoi j'ai voulu, en passant, les mentionner d'une façon spéciale.

*
* *

Des cols nombreux, très élevés, comme les ports de la Hourquette (2,545ᵐ), d'Orle (2,363ᵐ), d'Urets (2,631ᵐ), d'Aula (2,337ᵐ), d'Aouéran (2,000ᵐ), de Salau (2,052ᵐ), permettent de passer, par les vallées du Lez ou du Salat, dans l'Ariège, sans quitter la haute montagne.

Ici, le décor change. Tout en conservant à l'horizon sa ligne sévère, il devient plus joli, plus agreste. Il s'humanise, il gagne en grâce ce qu'il perd en grandeur. On dirait que les Pyrénées, après le rude effort des Monts-Maudits et des Sierras de Catalogne, veulent se reposer, se faire plus accueillantes aux hommes. Bien que la maîtresse chaîne, avec le Montvallier (2,839^m), le Montrouch (2,865^m), le Campcardos (2,910^m), le Montcalm (3,080^m), la Pique d'Estats (3,141^m), le Carlitte (2,921^m), le Puigmal (2909^m), le Canigou (2,785^m), conserve jusqu'au bord de la Méditerranée sa fière allure, l'intérêt se déplace, descend vers les vallées ramifiées à l'infini, les défilés sauvages, les gorges étroites, les villes où subsistent des vestiges d'un passé ancien, glorieux, vers les forêts surtout et les mines, qui constituent la principale richesse d'un département habité par une population laborieuse, fidèle à ses traditions, point gâtée au contact des foules cosmopolites.

Ici, l'on travaille régulièrement, sérieusement. On ne guette pas le client sur le pas de la porte, on n'escompte pas les bénéfices de la saison pour vivre au coin du feu, en attendant l'été. Évidemment, Salies-du-Salat, Ax-les-Thermes, Aulus, Ussat-les-Bains, stations prospères, fréquentées, exploitent les trésors de leurs eaux célèbres et offrent à leur clientèle toutes les distractions d'usage; évidemment l'affluence des touristes apporte quelque bien-être dans les petits coins favorisés par la proximité d'un paysage de choix, et il n'est personne, ici comme ailleurs, qui boude à la tâche facile d'héberger les curieux, de les promener, de les conduire. Mais ce n'est là, pour l'ensemble du pays, qu'un appoint. On l'accueille volontiers quand il se présente. On ne juge pas raisonnable de sacrifier, en vue d'un gain intermittent, une situation solide, acquise au prix d'un patient effort.

Car il manque à l'Ariège — et aux Pyrénées-Orientales — la grande vedette dont le nom seul est un programme, le spectacle fameux, consacré par la tradition, signalé dans les prospectus, décrit dans les guides et les livrets. Le public, sollicité de tous côtés à la fois, hésite devant l'inconnu qui le tente — et l'effraie. Il se défie, il veut savoir ce qu'il peut admirer en toute confiance, sans risquer de se tromper, de gaspiller son temps, déjà limité. Entre Foix et Lourdes, le Mas d'Azil et le Cirque de Gavarnie, le Montvallier et le Mont-Perdu, le col de Puymorens et le port de Vénasque, les gorges du Rébenty et la vallée du Lis, aucune comparaison, à ses yeux, n'est possible. Et il préférera recommencer dix fois, vingt fois la même tournée plutôt que de se hasarder en des parages qui lui réservent peut-être, avec des surprises, des déceptions.

L'Ariège n'en garde pas moins des beautés d'un ordre très particulier, très rare, et assez difficilement accessibles, en ce sens que, disséminées sur toute l'étendue du département, elles ne se groupent pas, comme ailleurs, autour des stations thermales, les seuls endroits habitables. Mais des routes excellentes facilitent la circulation en cet aimable pays où, à défaut des grandes agglomérations, abondent les centres de tourisme convenablement aménagés.

Les vallées du Salat et de l'Ariège, à peu près perpendiculaires à l'axe de la chaîne, divisent le territoire en deux cases séparées par une crête où s'ouvrent de nombreux passages. La première, qui reçoit les torrents du Lez, de l'Arac et du Garbet, compte des villes recommandables à divers titres comme Salies, Saint-Lizier-d'Ustou, Saint-Girons, Castillon, Ourt, Massat, Aulus. A mi-chemin de Saint-Girons et de Pamiers se trouve la célèbre grotte du Mas-d'Azil, une des plus curieuses de France. Il convient de mentionner également les charmantes petites vallées secondaires de Bethmale, de Biros, de Ribarot-de-Bordes, de la Ballongue. On peut rayonner, de là, vers la frontière d'Espagne, gravir maints pics comme le Crabère, le Mauberme, le May-de-Bulard, le Montrouch, et surtout le Montvallier. Ces ascensions valent plutôt par l'étendue, la splendeur du panorama que par les péripéties proprement dites de l'escalade. Elles tentent médiocrement les pyrénéistes en quête de difficultés propres à éprouver, à prouver leur maîtrise et pour qui, à l'est des Monts-Maudits, il n'y a plus de Pyrénées.

Dans la vallée de l'Ariège on doit admirer — après un salut à la cité industrielle de Pamiers — le décor médiéval de Foix, avec son château, ses tours, son donjon cylindrique attribué à Gaston Phœbus. Tarascon est un bourg du plus haut pittoresque. Quant à Vicdessos, c'est de là que partent les intrépides désireux de s'attaquer aux pentes monotones du Montcalm (3,080^m) et de la Pique-d'Estats (3,141^m), les deux seuls pics ariégeois dont l'altitude dépasse 3,000 mètres. A vrai dire, ces deux pointes ne sont que des renflements de la même crête. On les atteint sans effort, mais non sans peine, à cause du soleil qui, dans les chaudes journées d'été, tape dur.

En continuant à remonter le cours de l'Ariège, on arrive à Ussat-les-Bains, coquette station, puis à Ax-les-Thermes, grande station, d'un renom universel. A aucun prix on ne devra manquer l'excursion classique d'Ax à Axat par la vallée du Rébenty et l'intéressante ascension du pic Saint-Barthélemy (2,349^m), un des plus complets observatoires des Pyrénées, puisque du sommet, très abordable, on les aperçoit

depuis le Pic-du-Midi jusqu'au Canigou. Enfin
et surtout, une visite s'impose au val d'Andorre.
Les passages ne manquent pas, et vous n'aurez
que l'embarras du choix entre les ports d'Arin-
sall (2,700^m), d'Auzat (2,601^m), d'Arbeille (2,604^m),
de Siguer (2,365^m), des Bagnels (2,585^m), de Fon-
targente (2,252^m), de Soldeu (2,580^m), de Fray-
Miquel (2,460^m). Ce dernier est le bon.

*
* *

L'Andorre, dont la population dépasse à peine
5,000 habitants, est divisé en six paroisses :
Andorra, San-Julian-de-Loria, Ordino, Encamp,
Canillo, la Massana. Je n'ai pas à rappeler ici
l'histoire de ce curieux petit État pyrénéen à
qui il conviendrait de restituer son nom officiel : Vallées neutres d'Andorre. Il est gouverné
par un conseil général de vingt-quatre membres,
six par paroisse, nommés tous les quatre ans, et
renouvelable par moitié tous les deux ans. Le
traitement des conseillers est de 10 pesetas, celui
du syndic général de 80 pesetas. Les pouvoirs
sont exercés en commun par deux viguiers
nommés l'un par l'évêque d'Urgel, l'autre par
le gouvernement français qui a succédé aux
comtes de Foix. Ces personnages commandent
la milice composée de tous les chefs de famille

munis d'un fusil. *La Casa de la vall,* ou « Maison de la vallée », est située à Andorra, la capitale. Cette demeure solennelle est en même temps siège du gouvernement, maison d'école, hôtel de ville, palais de justice et prison. Elle date du seizième siècle.

Andorra, malgré son titre, n'est qu'un modeste village. La Seo-d'Urgel compte 3,000 habitants. L'évêché, dont elle est demeurée à travers les âges le siège, date de 527. La cathédrale, dédiée à saint Odon, a été édifiée au onzième siècle par saint Armengol. Elle possède un cloître, maintes chapelles, une abside, un portail, un maître-autel remarquables. C'est un délice pour le promeneur que d'errer à travers les rues bordées d'arcades, de maisons peintes, au retour d'une excursion à la Coma-Pedrosa (2,946ᵐ) ou au Puig-de-Casamanya (2,770ᵐ), les plus hauts sommets de cette extraordinaire vallée qui a su garder intactes ses vieilles et charmantes traditions.

Et l'on ne saurait vraiment quitter l'Ariège sans visiter l'Andorre.

⁎⁎

L'Aude, qui naît à la base du Carlitte, est un fleuve pyrénéen. Avant d'atteindre le bas pays, elle s'attarde dans une vaste combe rocheuse entourée de hautes montagnes, le Capcir, sorte d'enclave perchée à 1,600 mètres d'altitude et restée, pendant des siècles, privée de tout contact avec la plaine. Elle n'échappe à la contrainte des Pyrénées qu'après avoir franchi les formidables défilés de Saint-Georges et de Pierre-Lis qui barrent l'accès d'Axat et de Quillan, jolies petites villes, très personnelles, où augmente l'affluence des touristes.

Nous voici arrivés cependant au seuil de la Cerdagne et du Roussillon.

Jadis, les livres et les brochures qui recommandaient à la curiosité des visiteurs ces vieilles provinces si riches en souvenirs historiques, portaient comme épigraphe ces mots : Pyrénées inconnues. Rien n'était plus exact que cette constatation. Ces Pyrénées-là étaient — et elles le sont encore — inconnues. Elles ne figurent pas sur le programme des « tournées », elles sont éloignées des grands centres balnéaires et mondains, la mode souveraine ne les a pas consacrées, et les montagnards ne les trouvent pas dignes de tenter leur vaillance.

Sur les six départements pyrénéens, trois seulement jouissent des faveurs de la foule cosmopolite. Les autres — l'Ariège, l'Aude et les Pyrénées-Orientales — restent à l'écart du grand

mouvement et n'attirent guère, en été du moins,
que la clientèle locale chassée par la chaleur
des plaines du Languedoc. Luchon constitue à
l'est le dernier paysage avouable. Au delà, vers
la Méditerranée, il n'existe plus, au dire des
gens bien informés, que des « petits trous pas
chers » où il serait inconvenant de se montrer
sans produire un certificat de médecin consta-
tant une affection spéciale tributaire de leurs
eaux, inélégantes quoique sodiques et sulfa-
tées.

Si injuste que soit cet abandon, il s'explique
dès qu'on en pénètre les raisons.

Sous le rapport de la beauté, les Pyrénées
orientales ne le cèdent en rien aux Pyrénées
occidentales. Certes, elles ne comportent pas des
étendues de neiges éternelles comparables à
celles qui ornent les montagnes de la Haute-
Garonne et des Hautes et Basses-Pyrénées. Le
Montcalm et la Pique d'Estats, malgré leurs
3,000 mètres dûment vérifiés, ne peuvent être
raisonnablement opposés aux massifs énormes
du port d'Oo, des Monts-Maudits, du Lis, du
Cirque de Gavarnie, du Vignemale, du Néouvielle, du Balaïtous, qui prolongent jusqu'aux
vagues courtes de l'Océan rageur l'harmonieuse
majesté de la maîtresse chaîne. Il est assez naturel que les pyrénéistes, avides d'émotions fortes,

préfèrent les froides solitudes des grands monts
tragiques aux promenades monotones et épui-
santes dans les déserts brûlants du Montvallier,
du Puigmal, du Carlitte, du Canigou, montagnes rondes, comme affaissées, sous leur
propre poids, et rongées par un soleil implacable.

Mais les grimpeurs ne forment qu'une phalange réduite, essentiellement mobile et insuf-
fisante pour assurer la fortune d'un pays.
D'autres raisons écartent le flot des baigneurs
de ces lieux pourtant privilégiés.

C'est d'abord l'absence de grandes agglomérations, comme Cauterets ou Luchon, qui
rayonnent sur la montagne environnante et
constituent à elles seules des mondes. Regardez
la carte. Voyez les innombrables bourgades
disséminées sur tous les points d'un territoire
accidenté, coupé de terrasses, creusé de ravins
où les routes, les voies ferrées s'insinuent avec
peine. Il ne s'agit pas, ici, de s'installer à
demeure dans une station bien agencée, de consacrer quelques jours à la visite des attractions
indiquées au programme, de plier bagage et de
recommencer ailleurs. C'est un véritable voyage
qu'il faut combiner soi-même d'après des indications généralement sommaires, vagues. On
doit adopter une méthode, un équipement, éla-

borer un itinéraire avec des variantes en cas de
fatigue ou de mauvais temps. Or la Cerdagne,
qui est française en somme, ne justifie pas de
tels soins, surtout si l'on considère le reste des
Pyrénées, si accueillantes. Alors, quiconque a
débuté par Luchon sera fatalement poussé vers
l'ouest, où l'appellent tant de merveilles consacrées. En suivant le courant qui, dès le début
de septembre, se dirige du côté de Biarritz, il
sera sûr d'accomplir sans effort le pèlerinage
prescrit et s'évitera, en même temps que les
surprises, l'obligation de se faire une opinion
personnelle.

Par la voix de leurs vaillantes sociétés
de leurs syndicats d'initiative, les Pyrénées-
Orientales réagissent contre un si absurde préjugé, et l'heure approche où, grâce aux profondes améliorations apportées dans les moyens
de communication, elles figureront — avec quel
éclat — sur le programme des villégiatures
estivales.

Il convient d'inscrire la Cerdagne en tête de
ces charmantes Pyrénées inconnues. Cette province si petite par ses dimensions, si attachante
par sa personnalité, sa fidélité aux traditions

locales, est parfaitement digne de passionner le voyageur, l'archéologue, l'historien.

Ses limites sont conventionnelles. C'est le caprice de l'homme et non la nature qui les traça. Sans le secours d'une carte, on a peine à comprendre où elles commencent, où elles finissent. Alors que le val d'Aran, le val d'Andorre sont des enclaves circonscrites entre de hautes montagnes propres à maintenir leur isolement, donc leur caractère, la Cerdagne présente un dessin vague, indifférent aux frontières naturelles.

Il convient d'observer que les montagnards de l'un et l'autre versant ont toujours vécu entre eux sans s'occuper de ceux d'en bas et que les exigences de la vie pastorale n'ont jamais tenu compte des divisions, d'ailleurs assez instables, imposées au cours des siècles par la politique.

La constitution de la Cerdagne, à qui M. Emmanuel Brousse a consacré un remarquable ouvrage, vaut d'être soulignée. Sur les vingt-huit communes qui la composent, cinq seulement sont situées au nord des Pyrénées, dans le bassin de la Têt. Les vingt-trois autres, placées derrière la ligne de faîte, dans le bassin espagnol du Sègre, sont séparées de la France — du Roussillon — par le col de la Perche. En lisant les chiffres de

plus près, vous verrez que les cinq communes
du canton de Montlouis comptent 1,684 habitants et 4,837 hectares, alors que les vingt-trois
communes du canton de Saillagouse représentent
une population de 7,262 habitants répartis sur
une étendue de 49,033 hectares.

Cette disposition singulière est l'œuvre des
diplomates. L'article 42 du traité des Pyrénées,
qui réunit le Roussillon à la France, spécifiait
textuellement que « la Cerdagne appartiendrait
à l'Espagne, sauf les lieux qui pourraient se
trouver sur le versant du côté du Languedoc,
lesquels resteraient à la France, et que le Conflent appartiendrait à la France, sauf les lieux
qui pourraient se trouver sur le versant du côté
de l'Espagne, lesquels, réciproquement, appar-
tiendraient à cette dernière puissance ».

Ce texte, inélégant, avait du moins le mérite
de la clarté. Il adoptait comme limite la ligne du
partage des eaux, conformément à la logique.
Il nous attribuait tout ce qui était au nord, il
attribuait à nos voisins tout ce qui était au
sud.

Mais quand on passa de la théorie à l'application, les commissaires français, qui ignoraient
— déjà — la géographie, s'aperçurent avec stu-
peur que, hormis quatre communes, les autres
se trouvaient sur le versant méridional et

devaient donc revenir à la couronne d'Espagne. Des discussions fort vives éclatèrent au sein de la commission. Ces messieurs soumirent le litige aux plénipotentiaires réunis sur les rives de la Bidassoa, à l'occasion du mariage de Louis XIV et de Marie-Thérèse. Mazarin représentait le grand roi, Louis de Haro Sa Majesté catholique. La finesse de l'Italien triompha. Il fut décidé, le 13 mai 1660, que les trente-trois villages les plus rapprochés de la France seraient réunis au royaume, afin de faire communiquer le comté de Foix avec le Capcir, par la vallée de Carol.

Une nouvelle commission se réunit à Llivia, le 12 novembre suivant. Elle comprenait pour la France : Pierre de Marca, archevêque de Toulouse, et Hyacinthe Serroui, évêque d'Orange. Les intérêts de l'Espagne étaient défendus par Joseph Romeu de Ferrer, membre du Conseil des Cent de Barcelone, et Michel de Calba de Vallgornera, lieutenant du grand trésorier de la couronne d'Aragon. Tout se passa conformément aux clauses du traité. Cependant, les délégués de Philippe IV parvinrent à excepter Llivia de la mesure générale, sous prétexte que ce lieu, étant une *ville*, ne pouvait figurer parmi les *villages* concédés. Les commissaires français durent s'incliner non sans avoir spécifié « qu'en aucun temps le roi d'Espagne ne pourra faire fortifier Llivia, ni aucun autre lieu dudit bailliage ».

On peut donc voir encore aujourd'hui, au milieu de la riche plaine cerdane, une enclave fortifiée, dominée par la flèche d'une haute église, et qui est Llivia, portion du territoire espagnol, dépendant de la province de Gerona, et dont la situation anormale s'est perpétuée depuis l'année 1680.

* * *

L'accès de la Cerdagne est défendu par Montlouis. A ne considérer que sa population, qui dépasse à peine 400 habitants, Montlouis n'est qu'un humble village. Mais les sombres remparts qui l'entourent, les portes massives qui en gardent l'entrée, l'appareil guerrier dont se hérisse son imposante citadelle confèrent à cette forteresse, perchée sur un plateau exposé à tous les vents, l'allure et la dignité d'une ville.

Ce petit coin perdu, qui n'est plus aujourd'hui qu'un décor, a connu jadis des heures brillantes et glorieuses. Il a rempli avec courage son rôle de gardien. Grâce à la poignée d'hommes claquemurée dans la plus haute garnison de France (1,660^m), le Conflent, le Roussillon, le Languedoc ont pu braver les menaces du voisin prêt à s'abattre en trombe des hauteurs pyrénéennes. Montlouis a rempli sa tâche dans la grande histoire. Et c'est pourquoi, malgré ses rues tortueuses, ses maisons basses, l'atmosphère de tristesse qui rôde entre ses murs sombres, Montlouis mérite notre admiration et notre respect.

Au lendemain du traité des Pyrénées, qui réglait la situation de la Cerdagne, Louis XIV reconnut la nécessité pour la France de posséder une place forte destinée à commander l'accès du Roussillon. Après avoir longuement visité le pays, Vauban conclut en faveur de l'emplacement occupé aujourd'hui par Montlouis. La construction fut commencée en 1681, sous la direction de François de Fortia-Durban, colonel du régiment Dauphin-Infanterie, qui resta gouverneur de la place, achevée en 1691, jusqu'à sa mort, survenue en 1706.

Les indigènes, que le maréchal estimait « un peu pendards et gens à escoupetter leurs ennemis sans beaucoup de façons », n'étaient Français que depuis dix ans. Ils regrettaient leur patrie. Aussi refusèrent-ils de prêter leur concours. Un arrêté du 16 octobre 1680 accordant faveurs et privilèges à ceux qui viendraient s'établir dans le pays eut pour effet immédiat d'attirer une colonie nombreuse et active de Languedociens. Grâce à leur impulsion, la ville se constitua rapidement.

Montlouis, qui pendant la Révolution s'appela successivement *Mont-de-la-Liberté* et *Mont-Libre*, et ne reprit son nom ancien que l'an X de la République, fut assiégé par les Espagnols en 1793. Le général Dagobert, envoyé au secours de la place, prête à céder, repoussa l'ennemi et gagna les batailles de la Perche et des Llançades. Une modeste pyramide commémore le souvenir du « brave général » qui mourut l'année suivante, à Puigcerda.

Les fortifications se composent d'une citadelle formant un carré à bastion avec oreillons fermée à la gorge par un rempart. La ville, entièrement circonscrite par ses murailles, ne possède pas de terrain communal. Elle est enceinte d'un ouvrage à couronnes dont les longues branches se rattachent à la citadelle. Les dehors consistent en trois demi-lunes et une contre-garde. Les parapets sont défilés de fortes traverses en capitales de bastion. Montlouis peut loger 4,000 hommes.

Cette citadelle, si rébarbative en apparence, est un centre d'excursion très recherché des touristes. La fraîcheur délicieuse qui règne sur le plateau attire pendant l'été de nombreuses familles chassées de la plaine par la tramontane ou la canicule. Aux environs se dresse l'ermitage de Font-Romeu à 1,776 mètres d'altitude et qui, fréquenté depuis des siècles par les pèlerins de Roussillon et de Catalogne, est devenu une des plus agréables villégiatures estivales des Pyrénées. Enfin, dominant de sa masse imposante la Cerdagne, l'Andorre et l'Ariège, le géant des Pyrénées-Orientales, le Carlitte (2,921^m), doit être considéré, tant par son altitude que par son caractère et son importance géographique, comme un des plus beaux pics de la chaîne.

On ne saurait quitter la Cerdagne sans adresser un salut à Bourg-Madame, extrême pointe de la frontière. Ce petit village, au nom charmant et vieillot, ne compte que 250 habitants. Il a quand même une histoire. Jadis dépendance du village d'Hix, il s'appelait modestement les Guinguettes. Un sieur André Giraut y avait bâti, en 1696, une maison qui servait à la fois de logis, cabaret, boulangerie, gabelle et boucherie « à profit et utilité » de l'église paroissiale de Saint-Martin-d'Hix.

A l'annonce du débarquement de Napoléon à

Cannes, au retour de l'île d'Elbe, le duc d'Angoulême, nommé lieutenant général du royaume, avait reçu la mission d'arrêter l'empereur déchu dans sa marche sur Paris. Abandonné par ses troupes et fait prisonnier, le fils aîné du comte d'Artois — qui devait devenir Charles X — avait dû s'embarquer à Cette et se rendre à Barcelone, où il trouva des partisans. Aussi, quand il apprit le désastre de Waterloo qui confirmait la défaite de « l'usurpateur », il s'empressa de gagner la France par la Cerdagne, restée fidèle à la cause des Bourbons. Le 3 juillet 1815, le duc d'Angoulême faisait son entrée triomphale au milieu des acclamations de la foule rangée sur son passage. Le lendemain de son arrivée à Puigcerda, le prince se rendait aux Guinguettes, escorté du gouverneur et du duc de Guiche.

Après quelques jours de réjouissances populaires, le maire rédigea une adresse le suppliant de donner au village le nom de Bourg-Madame, « en l'honneur de son auguste et héroïque épouse, la fille de Louis XVI ». Le duc d'Angoulême répondit : « Vous obtiendrez sans peine ce que j'ai du plaisir à vous accorder ». Il tint sa promesse, et le 10 juillet, quelques jours avant de quitter la Cerdagne qui lui avait été si accueillante, Louis-Antoine de France, en vertu des pouvoirs à lui conférés par le roi, son seigneur et oncle, donna solennellement à ses dévoués partisans ce témoignage de satisfaction.

Dix minutes de marche sur une belle route, un pont qu'on traverse en se promenant et l'on arrive à Puigcerda, capitale de la Cerdagne espagnole. Ici nous sommes dans une véritable ville pimpante, pittoresque, pourvue d'un impressionnant casino et peuplée de claires villas entourées de jardins. Car Puigcerda est présentement, grâce à ses aménagements confortables, le rendez-vous des élégances catalanes empressées à fuir la poussière de Barcelone. Et c'est une surprise pour le voyageur que de trouver, après le silence recueilli de Montlouis et de Bourg-Madame, sur ce plateau situé à près de 1,200 mètres d'altitude, un foyer de vie aussi intense.

En redescendant la vallée de la Têt, vers Perpignan, on côtoie maints endroits curieux, comme Fontpédrouse, les bains de Thuès, les gorges de Carença, l'imposant défilé des Graus de Canaveillas, Olette, Villefranche-de-Conflent, dont les remparts sont dus à Vauban, les Bains de Molitg, Prades. Il en est un où l'on peut s'attarder pendant des semaines, des mois, car c'est un incomparable séjour d'hiver et d'été,

universellement connu : Vernet-les-Bains. Le
renom de cette station, qui s'enorgueillit d'une
riche et solide clientèle, prouve les heureux
résultats de l'initiative basée sur la connaissance
des ressources locales et du goût du public. On
demeure étonné des progrès accomplis par Ver-
net en quelques années et qui, en conférant un
lustre nouveau à son antique renommée, lui ont
valu le titre bien mérité de « Paradis des Pyrénées-Orientales ».

Aux alentours se dresse sur un plateau l'abbaye de Saint-Martin-du-Canigou, fondée par le
comte Guifred en 1007 et dont les ruines ont été
restaurées, avec le goût le plus fin, par Mgr de
Carsalade de Pont, évêque de Perpignan. Pour
ma part, je ne me rappelle jamais sans émotion
les heures charmantes que je dois à la haute et
cordiale bienveillance de l'éminent prélat si empressé à m'accueillir, jadis, au seuil de son
beau domaine.

Le Canigou est la grande attraction de Vernet-
les-Bains.

J'avoue avoir nourri, dans ma prime jeunesse, des sentiments peu tendres à l'égard du
Canigou. Les premières géographies que j'eus

entre les mains le proclamaient le plus haut pic
des Pyrénées. Cette affirmation candide m'irri-
tait : elle était contraire à la vérité, et puis elle
blessait mon orgueil de petit montagnard sérieux. Car je connaissais, de vue, l'Aneto ; du
port de Vénasque, le vieux Cabellud me l'avait
montré bien souvent, et les exploits de M. Lézat
étaient célèbres à Luchon. Je comprenais difficilement qu'une telle hérésie pût se propager à
Paris, en pleine montagne Sainte-Geneviève,
entre les murs du Lycée Louis-le-Grand, asile
des belles-lettres. J'ignorais alors que les
hommes peuvent se tromper.

Ce n'est pas la faute du Canigou si des géo-
graphes mal documentés lui attribuèrent pendant tant d'années une suprématie que son dé-
tachement des passions humaines lui permet de
dédaigner. L'erreur est assez naturelle. Immense,
trapu, dressé au fond des plaines roussillon-
naises et comme directement surgi des flots de
la Méditerranée, il apparaît réellement le maître
de ces charmantes Pyrénées d'Orient dont les
molles ondulations semblent uniquement destinées à lui servir de socle.

Certes, d'autres montagnes lèvent plus haut
encore leurs pyramides étincelantes, drapées de
neiges éternelles, les nuages s'enroulent plus
volontiers autour d'autres pointes plus meur-

tries par le jeu des forces primaires indiscipli-
nées, la cohorte des vents déchaînés frappe plus
rudement les flancs granitiques des âpres
monts dominateurs de l'Aragon et de la Catalogne. Et l'histoire des grands cataclysmes se
lit plus clairement sur le front ruiné de la Maladetta ou du Mont-Perdu.

Mais ces géants sont maussades. Ils se cachent,
ils se dérobent à la curiosité de l'homme. Avant
de les aborder, il faut s'enfoncer dans des vallées obscures, entre des murailles menaçantes,
peiner sur des routes tortueuses, franchir des
cols, et c'est à la fin, seulement à la fin, qu'ils
se révèlent. La conquête du Mont-Perdu coûta
quinze années d'efforts à Ramond, et c'est par un
chemin détourné que la cime de l'Aneto fut
atteinte pour la première fois.

Le Canigou, lui, n'est pas un pic confondu
dans le troupeau. C'est le géant placide et débonnaire, le père nourricier qui veille sur les
plaines fécondes du Roussillon et du Languedoc
et protège les innombrables villages nichés dans
les plis de sa robe frissonnante. Il est solitaire,
il est universel, il se suffit à soi-même. Il est
vivant, il crée. Le Canigou est un monde. En lui
se réalisent et se résument tous les aspects de
la terre méridionale. Il a été chanté par les
poètes. Souffrez qu'un prosateur le salue.

La vallée du Tech est la plus orientale des
Pyrénées. Elle doit à la Méditerranée, qui miroite à ses pieds, un climat d'une exceptionnelle
douceur, un ciel miraculeusement pur, trans-
parent, léger. Combien cette région bénie dif-
fère du verdoyant mais rude et pluvieux pays
basque et comme le public s'y porterait en masse
si elle était placée sur la grande route de Paris
à Madrid !

Ici voisinent, sans se confondre, les deux
aspects les plus émouvants de la nature, la
mer et la montagne. On peut choisir, monter
ou descendre d'un degré, selon la saison,
selon l'avis du docteur. Argelès, Collioure,
Port-Vendres, Banyuls représentent des décors
marins colorés, chauds, délicats, paisibles ou
bruyants. Les paysages montagnards groupés
autour du Boulou, de Céret, d'Amélie-les-Bains,
d'Arles-sur-Tech, de Prats-de-Mollo, de la Preste,
de Saint-Laurent-de-Cerdans, de Coustouges,
sont les plus charmants, les plus jolis du monde.
Appartiennent-ils vraiment à ces Pyrénées qui,
de l'Océan, se montrent déjà si sévères ? Est-il
possible que les monts arrondis qui barrent l'ho-

rizon vont former, plus loin, les hautes murailles de Gavarnie?

Une chose éclate aux yeux : la personnalité de ce Vallespir dont les vieilles églises romanes, les tours en ruines, les remparts encore debout attestent l'ancienne civilisation. Il est situé hors des voies que suit la foule, il n'est pas le rendez-vous des gens qui veulent, en changeant de décor, se retrouver — pour s'amuser ou s'ennuyer — entre eux. Il n'en vit pas moins d'une vie intense.

Il a d'ailleurs une autre prétention que celle de distraire, il a celle de guérir, attestée par le renom d'Amélie-les-Bains, la plus célèbre station des Pyrénées-Orientales avec Vernet-les-Bains.

Il convient d'ajouter que la Société des touristes du Haut-Vallespir, dont le siège est à Prats-de-Mollo, met tout en œuvre pour faciliter l'accès de la montagne aux voyageurs attirés par son charme agreste. Ils y parviennent, si l'on en juge d'après les brillants résultats dus à leur fervente propagande.

Enfin, je serais injuste — et ingrat — si, au moment de terminer cette présentation, je ne saluais Perpignan, la lumineuse métropole de ce Roussillon si captivant. C'est avec des amis de là-bas — des vrais montagnards — que je m'ini-

tiai, il y a une dizaine d'années, à la pratique du
ski, au cours d'une tournée qui dura six jours
et nous permit de gravir, non sans difficultés,
les deux géants dont s'enorgueillit la région, le
Canigou et le Carlitte.

Perpignan est la réplique de Bayonne comme
la Cerdagne du pays basque. Si différentes par
le climat et le caractère, ces deux régions
s'équivalent, s'équilibrent. Quiconque néglige-
rait l'une sous prétexte de se conformer au rite
actuellement en vigueur, n'aurait des Pyrénées
qu'une idée incomplète.

CHAPITRE TROISIÈME

L'HOMME ET LA NATURE

Visitées par des milliers de touristes, les Pyrénées, dans leurs beautés essentielles, ne sont pas connues. — Indépendance du caractère pyrénéen peu enclin à considérer le touriste comme un bienfaiteur. — Indiscipline, goût du panache, familiarité, absence de méthode. — Organisation rudimentaire des services. — La vie mondaine absorbe tout au détriment du paysage que les indigènes ne mettent pas en valeur. — Malaise des stations pyrénéennes qui paient aujourd'hui les conséquences de leur longue inaction.

LA SAISON AUX PYRÉNÉES

Tel est, en son relief général, avec l'essentiel de ses massifs, de ses vallées, de ses centres d'attraction, le versant français des Pyrénées.

Cette revue d'ensemble paraîtra sans doute incomplète au touriste qui la consulterait pour y chercher des renseignements pratiques, des conseils. Certains paysages, consacrés par l'admiration unanime, sont à peine indiqués ou modérément exaltés, d'autres, qu'on guettait, manquent, d'autres enfin se présentent avec une profusion de détails que ne justifie pas leur renom modeste, purement local. On souhaiterait à ce tableau, manifestement trop vaste, plus de vigueur, de netteté.

Mais ces précisions figurent dans les ouvrages spéciaux, conçus et rédigés fort bien, ma foi, en vue d'informer, d'instruire. Ils ne pouvaient prendre place, sans le détourner de son but, en celui-ci, dont l'objet est de peindre, d'évoquer, de suggérer, d'après une expérience longue, solidement assise, personnelle, et qui n'emprunte rien aux livres. La description des Pyrénées, l'état des lieux, le procès-verbal, la liste officielle et complète? Pour dresser un tel bilan, il eût fallu consacrer un volume au croquis des villes d'eaux, un ou deux à la haute montagne française et espagnole, un à l'histoire si passionnante des nombreux petits états pyrénéens, un à l'étude du caractère si foncièrement original des habitants. Et ce ne serait pas assez. Car la matière est inépuisable.

Le mot Pyrénées est un mot générique qui désigne un territoire immense dont une petite partie est habitée, ou habitable, donc ouverte

MULETIERS ARAGONAIS AU PORT DE VÉNASQUE
(Près Luchon.)

LACS DU PORT DE VÉNASQUE
(Près Luchon.)

aux promeneurs. Il est autrement compréhensif
que les mots : Provence ou Bretagne, lesquels
s'appliquent à des régions moyennes, entièrement conquises par l'homme, donc accessibles
en totalité. Ici, en dehors du contraste maintes
fois signalé entre les deux faces — nord et sud
— entre les deux versants — océanique et médi-
terranéen, — intervient un facteur nouveau qui,
à lui seul, modifie les éléments constitutifs, portant le caractère du paysage : l'altitude. Alors
vous devinez la richesse, la variété, l'originalité
des aspects enclos dans un vocable unique,
chargé de les contenir tous. Le pays basque et
le val d'Andorre appartiennent aux Pyrénées,
comme la Maladetta, et le Canigou, et Argelès-
sur-Mer est une plage pyrénéenne au même
titre que Biarritz.

Les Pyrénées, pour ceux qui ne les ont jamais
visitées, c'est une chaîne de montagnes un peu
plus hautes que le Jura et les Vosges, beaucoup
moins hautes, partant moins belles, que les
Alpes. Pour ceux qui les ont parcourues en automobile ou en voiture, c'est une succession de
vallées aimables occupées par des stations thermales plus ou moins importantes, où l'on se
soigne et s'amuse selon un mode assez uni-
forme. Pour les fidèles, que leurs habitudes ra-
mènent chaque saison dans le même endroit,

c'est un casino, un kiosque à musique, une buvette, une esplanade, des bancs, des arbres. Enfin, pour les montagnards — qui sont un peu là — les Pyrénées, c'est des pics, et encore des pics.

Le lecteur qui prend la peine d'acheter et surtout de lire un livre, veut soit y retrouver ce qu'il sait, soit y apprendre ce qu'il ignore. Dans le premier cas il revit des impressions qui lui sont chères, dans le second il acquiert des connaissances qui lui manquaient. De toutes façons, il s'enrichit. Si tout le public était également ignorant ou instruit, s'il partait d'un même point comme les écoliers groupés devant le maître, rien ne serait plus simple à l'auteur que de développer son argumentation d'après un plan établi, et de répondre aux questions précises. Ainsi fait, en chaire, le professeur, ainsi le spécialiste écrivant pour des spécialistes, déjà convertis, capables de le comprendre à demi-mot et de le réfuter.

Mais l'écrivain qui s'adresse à la masse, éminemment mobile et capricieuse, et prétend lui présenter sous la forme d'un volume sérieux, sans intrigue romanesque, un monde aussi vaste, aussi exceptionnel, aussi différent du domaine où elle évolue habituellement, et qui, en outre, annonce son intention de partir en guerre

contre les solides, les confortables préjugés dont
sa longue pratique lui révéla l'inanité, comment conciliera-t-il des points de vue si opposés, comment contentera-t-il des goûts si contradictoires?

Par la sincérité, par l'ardeur d'une foi véhémente, toujours vivace en dépit de la cruelle
rançon que lui imposa l'impitoyable sort. Il ne
s'agit pas de discuter ici, il faut affirmer. Ce
qui importe, c'est de démontrer que les Pyrénées, espagnoles et françaises, catalanes et
béarnaises, grandes et petites, offrent, de la base
au faîte, le registre le plus copieux, le plus varié des apparences, que leurs attraits sans équivalent ailleurs, leur appartiennent en propre et
que, malgré le peu d'empressement des indigènes à en faciliter l'approche, malgré l'organisation rudimentaire des services, le premier
venu peut, moyennant quelques légers sacrifices, aborder la haute montagne, y circuler, y
vivre.

Les légendes évidemment sont respectables.
Elles représentent l'œuvre anonyme de la foule-
consacrée par le temps. Elles offrent des choses
une image significative, essentielle qui à la
longue se substitue à la réalité, devient la réalité.
Quand elles déforment dans le sens du merveil,
leux, il convient de s'incliner. Mais l'artiste est

là pour dénoncer celles qui vulgarisent, qui rapetissent, qui mentent bassement. C'est le cas en ce qui concerne les Pyrénées.

⁎

On les connaît de vue surtout. On les dit charmantes, riches, pleines de grâce et de fraîcheur. Quelques villes d'eaux classiques résument aux yeux du public leurs séductions molles, apprêtées, fades. Parce qu'on a hiverné à Vernet-les-Bains, gargarisé à Cauterets, humé à Luchon, dansé à Biarritz ou suivi à Pau une chasse à courre ; parce qu'on a gravi le port de Vénasque, couché à l'hôtellerie du Pic-du-Midi, mangé des truites au lac de Gaube, bu l'anisette avec des carabiniers espagnols à Panticosa, ou contemplé le lever du soleil au Montné ; parce qu'on a bavardé, flirté, soupé, ri, tué le temps selon la manière, on se tient pour satisfait, on s'imagine, de bonne foi, connaître les Pyrénées.

On ne les soupçonne même pas. On a vécu à leurs pieds comme des enfants qui s'amusent sans lever les yeux. On a vu un mur, fleuri certes et plaisant à voir, mais un mur. Pour voir, il faut monter, pour monter il faut disposer de temps, de volonté, de courage, de patience. C'est pourquoi l'on ne monte guère.

Dame, on est si bien en bas, dans les vallées d'ombre où retient le prestige d'une nature accueillante, sensuelle, qui se donne vite. A quoi bon se déranger pour contempler dans leur intimité les montagnes qui, dit-on, ne sont bleues que de loin? Les casinos ont intérêt à grouper les baigneurs autour des kiosques à musique, des tables de baccara. Justement soucieux de leurs clients, généralement riches, les médecins redoutent pour leur santé la fatigue consécutive aux excursions trop longues, aux repas trop copieux, aux imprudences. Les guides à pied ne forment, à côté des loueurs de chevaux et de voitures, qu'une corporation bien restreinte, effacée par le nombre et l'éclat de leurs concurrents cossus, distributeurs de joies faciles et immédiates, tarifées. Leur tenue sobre, leur visage énergique, leur carrure massive séduisent peu.

Le touriste, c'est-à-dire l'homme simple et solide qui veut consacrer au sport les loisirs dérobés à ses travaux coutumiers, se sent un peu isolé dans cette foule brillante et bruyante occupée à d'autres jeux. Rarement il ose confronter sa veste de bure, ses souliers ferrés, son chapeau d'étoffe au pantalon blanc des joueurs de tennis, au pare-poussière des gros chauffeurs, aux toilettes dont le génie constamment renouvelé des couturiers, pare — pour notre joie et notre peine — les jolies dames rieuses. L'atmosphère, douce, est hostile à l'action. Le montagnard, habitué à l'âpre senteur des pins et des œillets sauvages, y respire des parfums énervants, conseilleurs de conquêtes plus tendres et plus cruelles aussi, à quoi le préparent mal son teint hâlé, son inélégance, sa lourdeur, sa bourse souvent plate, garnie de peu enviables pesetas. Et il en est réduit, s'il ne veut pas faire figure de Tartarin, à se conformer au rite généralement admis ou à chercher ailleurs, dans les Alpes de Suisse ou du Dauphiné, un cadre plus propre à lui fournir les fortes émotions qu'on lui marchande sous les Quinconces ou les Coustous.

*
* *

En principe, tout homme sérieux qui débarque aux Pyrénées est immédiatement tenté par le désir de s'en aller, là-haut, vers les neiges. S'il ne détient pas en ses fontes, avec le smoking commun à tous les déplacements, l'attirail complet de l'alpiniste vulgarisé par la confection, il se propose d'acquérir sur place, au bon moment, le matériel nécessaire. Son parti est pris. Il ne rentrera pas à Paris sans avoir accompli au moins une de ces ascensions redoutables qui consacrent la valeur sportive d'un homme du monde. Il ferait beau voir qu'un escrimeur classé, un cavalier primé, un cycliste endurant, un chasseur notoire, ne fussent pas à l'occasion capables d'exceller à un jeu qui, dans les Pyrénées, doit être un jeu d'enfant.

Mais la volonté la plus tenace, si elle ne s'exerce pas rapidement, ne tarde pas à se friper sous la brise des éventails remués. Pour un Hercule résolu à délivrer Prométhée enchaîné à son roc, dix Omphales désabusées dévident les fils de leurs fuseaux. Comment un Parisien doué de prestance, de relations et de fortune résisterait-il plus de vingt-quatre heures aux tentations qui prennent, pour le séduire, des formes si charmantes? En vain il se débat contre les sirènes du flirt et de l'amour rôdant autour des tables à thé, des tapis verts, des pelouses. C'est si bon de regarder, d'entendre, de respirer! C'est si bon de vivre ici, au pied de la montagne, parmi ces dames, ces messieurs!

Successivement, les plus sûrs amis trahissent le serment solennel conclu à Paris, un soir qu'on revenait, en bande, d'un mauvais lieu. Le dernier survivant de l'équipe, abandonné par ses compagnons, se sent peu à peu fléchir sous les moqueries qui accueillent son radotage, sous les brocards qui saluent son costume trop neuf, ses

bottes massives, son feutre vert armé d'un plu-
met. On achève de le convaincre en lui montrant
qu'il est ridicule avec sa défroque trop lourde,
encombrante, mal adaptée au décor estival.
Alors il cède sous les quolibets de la troupe
joyeuse empressée aux pique-niques, aux parties fines.

Du moins garde-t-il, en sa résignation, la
conscience du devoir accompli. Sincèrement, il
a voulu monter à la Maladetta, au Mont-Perdu,
au Vignemale; il s'y est employé de toutes ses
forces. Sans doute un rien de vilaine vanité
entachait ce désir. Mais il y avait aussi l'envie
de voir des belles choses, d'approcher la nature,
de se renouveler, se purifier à son contact.
C'était très beau de vouloir rompre, avec les
vieilles habitudes, les préjugés stupides qui
refusent aux Pyrénées la grandeur, sous prétexte qu'elles possèdent déjà le charme. Tout
était prêt. On avait élaboré le plan de campagne,
retenu les guides, acheté les vivres, chargé les
appareils photographiques. Les camarades aussi
étaient convaincus. Ils ont lâché pourtant, à la
première occasion, à cause du temps trop chaud,
d'un match sensationnel, d'une jolie femme qui
s'est retournée. Cela devait se terminer ainsi.
N'en parlons plus. Nous serons plus heureux
une autre fois. En attendant, allons nous amuser.

Et ils vont s'amuser.

Ainsi, des centaines, des milliers de jeunes gens robustes, audacieux, braves, arrivent chaque été, pleins d'un zèle ardent, et s'en vont sans avoir réalisé leur rêve, — qui était d'agir.

Il faut avouer d'ailleurs que si la configuration des Pyrénées facilite l'accès des vallées inférieures où sont situées les villes d'eaux, elle rend singulièrement malaisé l'accès des cimes.

Ces montagnes forment, on le sait, entre la France et l'Espagne, une épaisse et haute muraille ininterrompue, régulière. Des cols peu nombreux, très élevés, — leur altitude moyenne est de 2,400 mètres — mal desservis par des chemins muletiers soumis à la fureur des avalanches, s'insinuent péniblement entre les grands pics décharnés qui les bombardent de leur pierraille. A part les cinq ou six passages — ou ports — situés aux environs des stations thermales intéressées à les entretenir et à les prôner, les autres sont des lieux déserts, sinistres, fréquentés par les seuls indigènes, et redoutables à quiconque n'est pas solidement équipé en vue de les franchir. Profondément encaissées, les

vallées forment autant de petits mondes, privés,
à l'approche de l'hiver, de toutes communica-
tions avec leurs voisins. A peine si, en été, le
piéton et le cavalier peuvent franchir les crêtes
herbeuses qui les séparent. Nulle coupure n'in-
terrompt la monotonie sublime de la chaîne, nul
pic isolé ne se dresse au-dessus des prairies et
des forêts. Enfin les principaux massifs sont
situés derrière la ligne de faîte, en Aragon et
en Catalogne, régions sauvages, incultes, abandonnées, où les sapins foudroyés pourrissent sur
place, où les bergers paresseux et fiers dorment
sous des cailloux, où des posadas pouilleuses,
hantées par des carabiniers obséquieux, débitent
aux baigneurs le chocolat, l'anisette et le piment,
sous l'œil atone du « gubernador » aux man-
chettes sales, dont les mains sont couvertes de
bagues.

L'industrie humaine qui sut aménager, souvent aux dépens de leur caractère, certains
coins célèbres des Alpes, de l'Auvergne, des
Vosges, du Jura, n'a rien tenté pour ouvrir des
voies à la curiosité de ceux qui ne se contentent
pas des spectacles classiques. Et c'est à peine si
le Club Alpin, sollicité par des montagnes plus
visitées, partant plus aptes à justifier son intervention, a construit sur des points essentiels
quelques refuges qui semblent d'ailleurs peu en

état de résister longtemps à l'accumulation des
neiges.

Loin de s'enrichir par des acquisitions nouvelles dues au désir de satisfaire le client blasé,
la liste des excursions familiales dont s'enorgueillit chaque station, décroît avec une décon-
certante rapidité. Les chemins mal entretenus
se perdent à travers les taillis et les pelouses ;
en maints endroits, les auberges ou hospices
fréquentés jadis par la jeunesse dorée de l'Em-
pire n'exhibent plus que des murs fendillés, une
carcasse de poutres noircies par l'incendie,
tailladée par la foudre. Souvent un tas de pierres
plates, au milieu d'un pâturage abandonné,
figure la cabane, marquée sur la carte, où l'on
pensait trouver un gîte pour la nuit. Hypnotisés
par leur intérêt immédiat, et assez ménagers de
leurs forces, les guides s'obstinent aux promenades qu'ils connaissaient bien, négligeant les
autres familières à leurs aïeux et devenues, pour
notre génération, inédites. A de rares exceptions
près, aucun changement profond n'est intervenu
depuis l'époque où M. Taine, alors jeune homme,
écrivait son charmant et toujours jeune *Voyage
aux Pyrénées*. Il s'est assis sur cet arbre, il a bu
l'eau de ce torrent, il s'est accoudé à ce rocher. Ces
paysages décrits d'une plume si alerte, il les retrou-
verait. Car rien, ou presque, n'a changé là-haut.

*
**

D'où vient cet arrêt? Pourquoi les Pyrénées sont-elles restées à l'écart de l'évolution générale, pourquoi ont-elles si peu, si mal utilisé les perfectionnements que la science met à la disposition de quiconque veut s'élever, s'enrichir? Comment les Méridionaux si souples, si malins, si entreprenants dès qu'on les arrache à leur milieu, se sont-ils ainsi laissé devancer par des rivaux moins expérimentés, plus lourds, qu'ils ne cherchent même pas à suivre dans une voie manifestement favorable au succès? Par quelle ironie leur esprit d'initiative ne s'est-il pas exercé là où son utilité s'imposait, c'est-à-dire dans leur propre domaine?

Les Pyrénées sont des montagnes, certes, leur accès est difficile, sans aucun doute, et puis l'Espagne est là, l'Espagne nonchalante et fière, figée dans son orgueil. Évidemment, mais d'autres montagnes plus hautes, plus rébarbatives, moins favorisées par le climat, ont été conquises, transpercées, aménagées. Ailleurs les montagnards, rapidement convertis, n'ont pas hésité devant l'effort, devant la dépense, devant le risque. Ce qu'ils n'ont pu faire eux-mêmes, ils ont accepté que des étrangers, mieux outillés, le fissent à leur place. Et ils se félicitent aujourd'hui d'avoir osé, et leur actuelle prospérité atteste le triomphe de l'intelligence sur la routine, du jugement sur l'instinct.

Les raisons sont multiples. La principale tient au caractère même des habitants.

On sait que la montagne fut, partout et toujours, le refuge de l'indépendance. Placés, par leur situation même, en dehors des grandes voies historiques, protégés par des remparts naturels, autrement élevés et solides que les murailles des forteresses, les gens d'en haut, pauvres mais jamais inquiétés dans la possession de leurs biens, ont pu échapper aux maux qui désolaient la plaine, riche et désarmée. En revanche ils ont perdu le bénéfice des progrès qui s'accomplissaient, sans les atteindre, à leurs pieds. Vivant entre eux, sur leur terre qui, alors, suffisait à les nourrir, ils devaient s'attacher d'autant plus étroitement à leurs traditions que nulle influence étrangère n'en venait altérer le culte profondément ancré dans leurs cœurs fidèles. Qui dit : amour de la liberté, dit : horreur du changement. Il est banal de répéter que ces deux caractéristiques se retrouvent chez toutes les populations des hauts plateaux, en Corse comme en Albanie, en Sardaigne comme au Monténégro.

Les Pyrénéens, encore que fortement entamés par le contact des gens de la plaine, détestés jadis, acceptés aujourd'hui pour des raisons d'intérêt bien compréhensibles — la montagne, déboisée, ruinée, ne nourrit plus son homme — ont conservé l'empreinte de ce long et calme passé. Ils se souviennent des temps. Autrefois on était tranquille, on laissait ceux d'en bas se battre à tout propos. Les vallées, aujourd'hui parcourues par les automobiles formaient des universalités, des petites républiques autonomes, passant avec leurs voisines des traités sans se préoccuper des conditions qui régissaient le reste du territoire. Chaque terre avait son seigneur, comte ou roi, mais elle exigeait de son maître des garanties : la promesse de respecter ses *fueros,* de lui laisser voter ses impôts. Le Béarn, le Roussillon, la Navarre, l'Aragon, la Catalogne, étaient de véritables états politiques, solidement établis, possédant leurs usages particuliers, leurs costumes, leur parler savoureux, illustré par des poètes dont les chants, aujourd'hui encore, sont populaires. Adonnées à l'art pastoral, le plus élémentaire de tous — l'herbe, produit naturel du sol se reproduisant d'elle-même sans travail, sans surveillance — les populations des hauts plateaux, privées de contact avec celles d'en bas qui, d'ailleurs, vivaient d'une vie différente, plus active, plus agitée, devaient fatalement considérer avec une légitime méfiance tout ce qui était de nature à troubler leur quiétude, à compromettre leur bien suprême : l'indépendance.

Or les gens de la plaine sont montés révéler aux montagnards l'existence de deux richesses — déjà connues des Romains et oubliées depuis — qui bien exploitées pourraient augmenter leur bien-être et assurer leur fortune : les eaux et le paysage, la santé du corps et la santé de l'esprit.

Défiants d'abord, les indigènes cédèrent peu à peu devant l'appât du gain immédiat, facile, que leur suggéraient des personnages considérables, des gouverneurs comme ce charmant et noble d'Etigny, fondateur de Luchon. Ils acceptèrent qu'on captât, qu'on analysât les sources, qu'on en proclamât les vertus, qu'on élevât, à leur gloire, des temples. Pour héberger, recevoir, distraire ceux qui se pressaient autour des thermes, il fallut élargir les routes à l'usage des carrosses et des chaises de poste, construire des maisons spacieuses, planter des jardins, aménager des promenades. Les villages privilégiés se transformèrent ainsi en villes établies selon le goût de la clientèle qui payait fort cher le droit de gargariser, de humer, de boire. Séduits par la beauté du site, les bien portants vinrent renforcer la phalange des goutteux, catarrheux, arthritiques et autres éclopés. Libres de leurs actes qui échappaient à la discipline du médecin, ceux-là réclamèrent des distractions en rapport avec leur santé. A l'intention de ces oisifs, on jeta des ponts sur les torrents, on traça des chemins au flanc de la montagne naguère livrée aux troupeaux. Les indigènes qui ne connaissaient de leur territoire que les forêts et les pâturages — seules parties productives, — commencèrent à l'explorer. Ils y découvrirent des lacs, des cascades, des gouffres, des cirques, jolis coins bientôt reliés aux centres par des sentiers faciles. Des chevaux, des mulets furent dressés à l'effet de transporter les gens dans les endroits choisis. Ainsi se constituèrent un peu partout des foyers de vie.

Le succès rapide ne tarda pas à griser les Pyrénéens, surpris d'abord, enchantés ensuite. Habitués à réaliser en quelques mois des profits suffisants pour vivre pendant le reste de l'année, ils négligèrent les travaux coutumiers dont le rendement, trop faible, ne justifiait plus l'effort de jadis. La saison, considérée au début comme une aubaine rare, devint la condition même de l'existence. Le souci de l'assurer inspira toutes les pensées, galvanisa toutes les énergies. Au

EN ROUTE POUR L'ESCALADE

L'ISARD DEVANT LA TENTE

contact des riches en bonne fortune, les indigènes perdirent la notion exacte de l'argent,
récompense de l'effort, toujours égale chez
l'homme de Saint-Gaudens ou de Castelnau-
Magnoac. La règle économique, indispensable à
l'équilibre, qui régit les rapports de patron à
employé, se rompit sous l'influence d'une camaraderie intermittente, trop intime, entre des
gens qui payaient à tort et à travers des services
difficilement appréciables et ceux qui, après en
avoir touché un prix rémunérateur, devaient se
retrouver, du jour au lendemain, seuls, dans
un pays naturellement pauvre, et rendus à leur
véritable milieu.

Ce malaise est commun à tous les endroits qui
ne puisent pas leur subsistance en eux-mêmes
et dont la prospérité dépend uniquement des
visiteurs, c'est-à-dire d'un élément soumis à
mille fluctuations. Mais, en d'autres pays, il a
été atténué par le raisonnement, la sagesse, une
compréhension plus juste des droits et des
devoirs de chacun. On n'a pas abusé de l'aubaine, on ne l'a pas considérée comme une
chose due, un revenu fixe, certain, une rente.
On a prévu qu'elle pourrait manquer. On a travaillé pour l'agrandir, la fortifier, l'assurer
contre la concurrence.

Ce travail s'est accompli à l'insu des Pyrénéens

confiants, imprévoyants, qui en constatent, aujourd'hui, à leurs dépens, les effets, et qui s'étonnent au lieu de comprendre, et qui se lamentent au lieu d'agir.

On peut tout tenter aux Pyrénées, on se heurte à l'indifférence, sinon à l'hostilité des indigènes, qui veulent sans vouloir, qui calculent. L'intérêt immédiat borne l'horizon. A la clientèle complètement transformée et devenue exigeante en raison même de sa médiocrité, on fournit le même programme d'attractions, de promenades. Les auberges et les hospices placés en des endroits où plusieurs centaines de personnes peuvent se trouver réunies pendant les belles journées, sont des masures éminemment pittoresques certes, mais nullement adaptées aux besoins d'un public quelque peu désorienté par l'inattendu de l'aventure et qui veut être servi rapidement. Les braves gens semblent invariablement pris de court devant l'affluence escomptée pourtant, et ils mécontentent les visiteurs qu'ils ne peuvent satisfaire, faute d'une bonne organisation. Des deux côtés on se plaint, avec raison. Il y a mieux encore.

Qu'un entrepreneur audacieux, étranger au pays, tente d'édifier ou de rafistoler un de ces établissements, qu'il s'avise d'y préparer des mets succulents servis sur des nappes damassées,

par des valets dressés à Pau, à Toulouse ou
même à Paris, qu'il tapisse, qu'il meuble en
vue des touristes fatigués ou séduits par la perspective d'un séjour en un lieu propre et décent,
quelques chambres claires aménagées selon la
formule, avant trois mois, l'homme, boycotté,
devra fermer son pimpant chalet, vendre son
matériel, partir. Qu'on remette en vogue une
excursion jadis classique, estimée aujourd'hui
trop longue ou trop pénible, et ce sera la grève
du silence. Vous ne trouverez personne pour
vous la signaler, personne pour vous y accompagner. C'est ainsi. Une compagnie puissante
risque des capitaux pour construire un chemin
de fer qui transportera des centaines, des milliers de gens sur un sommet autrefois déserté,
appelé à devenir un centre estival et hivernal de
premier ordre. Eh bien, non seulement les indigènes abandonnent à des ouvriers espagnols le
profit de ce travail rémunérateur, mais encore
ils maugréent devant les trains déversant des
touristes, des pèlerins qui, sans lui, seraient
restés en bas ou ne seraient même jamais venus.
Cela, sous prétexte que les clients ne monteront
plus là-haut à cheval. Piteux raisonnement,
d'abord parce que, à aucun moment, la voie
ferrée n'emprunte le parcours de la route forestière, ensuite parce que cavaliers et piétons ont

à leur disposition, dans l'entourage immédiat, dix ou vingt montagnes aussi belles, sinon plus, où il ne tient qu'aux guides de les conduire.

En réalité, les Pyrénéens sont et resteront toujours, quoi qu'on dise et qu'on fasse, des indépendants, desservis par un ensemble de qualités malheureusement incompatibles avec les dures nécessités de l'heure présente. Il faut être riche pour avoir le droit de regarder, de choisir, de discuter. Quand on a besoin de gagner sa vie, quand on affirme ce besoin par des plaintes, on doit savoir parfois s'incliner — sans se baisser. Certes, on ne saurait leur imposer les méthodes des Suisses qui ont assuré le succès de ces habiles et obséquieux serviteurs. Ne pourrait-on cependant leur demander de traiter avec plus de déférence la clientèle qui, en somme, n'est pas forcée de venir à eux ?

Vraiment, ils ne la respectent pas. Ils n'ont pas à son égard l'attitude réservée qui conviendrait. Ils la choquent par leur laisser-aller, leur indolence, leur promptitude à la riposte, leur indécente et agaçante manie de parler patois, de rire, d'interpeller les camarades au passage. Ils

ne veulent pas renoncer pendant quelques mois
— quelques semaines, hélas ! — à leurs habitudes, se vouer complètement, exclusivement à
leur tâche, facile, bien rémunérée par rapport
à celle qu'ils exerceraient dans les grands centres,
à Paris ou ailleurs.

Chacun d'eux devrait se dire : « La saison
est ouverte, je suis prêt, je vais endosser ma
veste bleue, coiffer mon béret neuf, prendre
mon service. C'est fini de flâner, il faut travailler maintenant. Je travaillerai, je ferai l'impossible pour contenter mes clients, pour me les
attacher. Je me montrerai prévenant, attentif,
sobre. Si, un soir, la fatigue me terrasse, tant
pis, un effort et je serai debout, car l'occasion
ne reviendra plus. Qu'un touriste me propose
une ascension que je ne connais pas, je me gar-
derai de répondre : oui. Je le préviendrai loya-
lement ou je lui en proposerai une autre : il
l'acceptera. Quand le nombre des demandes
baissera, je réduirai mes prétentions plutôt que
de rester à la maison. Et lorsque le dernier sera
parti je rentrerai chez moi, je compterai les
pièces blanches, les pièces d'or, les billets bleus
acquis par mon travail. Je plierai soigneusement ma veste, mon béret, mes guêtres dans la
vieille armoire, je remettrai mes sabots, mon
tricot de laine, je prendrai ma hache sur

l'épaule et, bûcheron, j'irai dans la forêt couper mon bois pour l'hiver... »

Quelques-uns se tiennent ce raisonnement. Ceux-là réussissent. A remplir simplement leur devoir envers des hôtes qui se fient à leur expérience, ils ne compromettent pas leur dignité : ils l'augmentent, en même temps que leur situation matérielle. Ils accroissent le renom des Pyrénées, ils prouvent que le malaise dont elles souffrent provient d'un malentendu, d'un désaccord entre deux catégories de gens appelés, au fond, à s'entendre. Rien ne sert de maudire le sort, de lever les bras au ciel, de montrer le poing. Les faits sont là. Autrefois, on était les maîtres, on dictait ses conditions, les gens venaient d'eux-mêmes, gentiment, et trouvaient que tout était pour le mieux dans le meilleur des mondes. Le vent a tourné. Aujourd'hui, ils se font prier, ils demandent un tas de choses. Ont-ils tort ou raison? Qu'importe, il faut céder, leur donner ce qu'ils réclament et largement, sans compter, pour qu'ils soient contents, pour qu'ils restent.

Et pourquoi ne seraient-ils pas contents, pourquoi ne resteraient-ils pas dans ce pays privilégié à qui manque seul, pour s'égaler aux plus célèbres de l'univers une organisation mieux en rapport avec les nécessités actuelles?

*
* *

Cependant, d'année en année, la saison se rétrécit. Ils sont loin les temps où elle remplissait effectivement les quatre mois annoncés au programme. Aujourd'hui, c'est à peine si sa période brillante dure six semaines. Passé ce délai, les stations pyrénéennes ne connaissent guère qu'une clientèle clairsemée, inélégante, marchandeuse, qui quête à travers les maisons « de second ordre » l'installation économique proposée par les loueurs à l'affût devant les seuils déserts. Septembre même, en dépit de sa splendeur royale, ne compense pas les vides de juin. Nulle attraction ne saurait retenir la foule moutonnière après le mois d'août, considéré comme l'apothéose des plaisirs mondains dans les pays de montagne où l'automne, croit-on, est froid.

L'ouverture officielle de la saison ne correspond plus aux exigences de l'heure présente. Elle est prématurée. L'époque est révolue où le Grand-Prix de Paris marquait une date dans les fastes de la vie mondaine. Il n'est plus besoin de prétexte au clubman pour justifier sa présence sur le boulevard après le 14 juillet, fête populaire en décadence. Le monde est devenu sensible à la séduction de ce Paris d'été, si alerte, si fin. Volontiers il s'attarde aux ombrages du Bois, aux halls sonores des palaces cosmopolites, aux sourires blafards des courtisanes paradant sous les girandoles des cafés-concerts. Il manifeste une répugnance évidente devant les plaisirs toujours pareils, distillés au compte-goutte par les plages et les villes d'eaux consacrées. Il se défie, il hésite.

De plus, en facilitant les déplacements brefs, l'automobile émiette les vacances du riche, jadis vouées à un séjour unique et prolongé dans un lieu désigné par un docteur complaisant, ami de la famille. A l'installation confortable en une villégiature choisie on préfère la course folle à travers des pays peu connus, révolutionnés par le passage du monstre malodorant et dangereux. Le goût de l'aventure enfle le cœur des bourgeois placides, mués en conquérants.

Pareillement, en augmentant la liste des paysages à visiter, les billets circulaires morcellent les loisirs du négociant, de l'avocat, du rentier. Le nombre diminue des oisifs opulents assez libres pour prolonger pendant plus d'un mois leur séjour en des régions trop distantes de Paris pour qu'il soit possible d'y revenir, entre deux trains, donner une signature ou une consultation. La concurrence des plages normandes et bretonnes, des monts d'Auvergne, de Savoie, du Dauphiné réduit le contingent des visiteurs rebutés par l'éloignement des Pyrénées.

Tant de raisons expliquent le malaise actuel, aggravé par l'indolence des indigènes figés dans l'inutile et décevant mirage du passé.

Il ne suffit pas, en effet, de décréter l'ouverture du casino pour qu'il s'emplisse. Sans doute on doit se réjouir de posséder des municipalités intelligentes, actives, dépourvues d'esprit sectaire, indifférentes à la politique. Encore faudrait-il élargir le cercle des connaissances, s'informer de ce qui se passe au dehors, chez des rivaux dont le succès ne devrait pas étonner.

Qu'une station soit gérée par un propriétaire, un médecin, un hôtelier, bref, par tout homme fortement attaché au sol natal, voilà qui est fort bien. Qu'il sache à fond les ressources locales et les exigences de la clientèle, voilà qui me plaît fort. Mais l'administrateur ne rendra de réels services que si, se connaissant lui-même, il est en mesure de connaître les autres. Je souhaiterais qu'il employât les loisirs de l'hiver à voyager, à visiter en détail les villes d'eaux de la France et de l'étranger, qu'il s'enquît des tarifs, des prospectus, des programmes, des mille rouages de la publicité. Revenu dans son pays, il collationnerait ses notes et ses souvenirs, dresserait ses colonnes de chiffres, confronterait des données prises à la source même, en tenant compte du climat, de l'altitude, du tempérament, de tous les facteurs propres à modifier les calculs. Il rejetterait, après réflexion, telle innovation jugée inopportune, risquerait telle autre, adopterait d'enthousiasme cette troisième reconnue efficace.

Une répartition plus équitable, plus méthodique des ressources financières lui permettrait de porter ses efforts dans des voies nouvelles, expérimentées déjà par des concurrents plus audacieux. La première expérience serait concluante. Rapidement la clientèle, habituée à la routine, manifesterait son approbation ou son blâme. Son empressement ou son indifférence fournirait des bases d'appréciation certaines, immédiates. Le public, en somme, s'attache aux lieux qu'il aime. Sous des apparences frivoles, il cache un grand fonds de fidélité. A ce sentiment s'ajoute la gratitude envers le pays qui lui valut des heures agréables, envers les gens qui s'appliquèrent à le contenter.

Il constate avec peine que cet effort est rarement tenté. Et il s'en plaint. A vrai dire, une part de responsabilité lui incombe. Cette situation fâcheuse est un peu son œuvre.

La saison dure quatre mois. Pendant quatre mois — le tiers d'une année — fonctionnent les

rouages compliqués et coûteux uniquement établis en vue des baigneurs. Dans les hôtels remis
à neuf, les petites tables vêtues de blanc exhibent leurs nappes damassées, leurs verreries
étincelantes. Sous les lustres des salons clairs,
les journaux et les revues s'entassent, les par-
titions de musique montrent dans les casiers
tournants les lettres d'or de leur reliure. Aux
Quinconces, sur l'Esplanade, l'orchestre égrène
ses mélodies grêles étouffées par le grondement
du gave; les gardiens du casino veillent aux
grilles auprès des affiches luisantes de colle
fraîche; chasseurs, huissiers en grande tenue
flânent sur les terrasses encombrées de fauteuils
cannés, les croupiers infatigables proposent des
banques à vil prix dans les salles que hantent
des messieurs sans élégance et des dames au
corsage trop tendre pour être ferme. Devant la
façade monumentale des Thermes, on voit cla-
quer au vent les tabliers des garçons de bain
désœuvrés et les guides rôdent par groupes sur
les allées en se racontant, pour la centième fois,
les prouesses des précédentes campagnes.

La saison est ouverte.

Chacun a pris son poste. Les services d'été
fonctionnent. On a engagé jusqu'à son dernier
sou pour parer la maisonnette au gré du client
qui menaça de ne plus revenir parce que, à Aix

ou à Uriage, c'est mieux ; on a repeint l'escalier, retapissé les chambres, aéré les mansardes, commandé à Toulouse et même à Paris maints ustensiles dont nos aïeux ignoraient l'usage, mais dont les Parisiennes — et aussi les Parisiens — ne sauraient se passer. L'air est pur, la route est large ; aux citadins captifs, le soleil libérateur va sonner la charge.

Délicieuse à humer, réconfortante et tonique, la brise nocturne tempère agréablement la chaleur des longues journées propices aux excursions, aux escalades, aux jeux passionnants de la chasse, de la pêche, du cycle, de l'automobile. Les suprêmes neiges de l'hiver étincellent encore aux flancs des pics noirs. En juin, les montagnes semblent se montrer plus complaisamment aux regards des hommes avides de les contempler sans voiles. Le ciel est net, franc, exempt de brume. Bien sûr, les isards pullulent sur les crêtes proches que les moutons n'ont pas encore envahies. Pas besoin d'aller en Espagne pour surprendre des hardes nombreuses rassurées par l'absence du bétail. Si cette température persiste, les Parisiens ne pourront respirer sur l'asphalte, ceux de Montpellier, de Béziers, de Bordeaux résisteront malaisément aux ardeurs caniculaires. Alors, ils viendront.

La saison est ouverte.

Cependant l'orchestre continue à jouer devant les chaises; nulle voix ne répond à l'appel des crieurs de journaux, des photographes ambulants experts à grouper les messieurs et les dames devant l'objectif. Le bataillon des guides à pied promène en vain ses belles vestes soutachées, ses guêtres en tricot blanc, ses gilets écarlates, ses plaques nickelées, témoignage d'une valeur consacrée par le Club Alpin. A l'écurie, les chevaux impatients tirent sur le licol, en pensant aux pâturages où ils couraient naguère sans bride. Les truites restent dans le vivier à côté du bateau plat, et sur le seuil des auberges dispensatrices d'omelettes et de vin frais, l'hôtesse désespérée croise ses larges bras sur son tablier bleu qui sent la lessive.

La saison est ouverte, pourtant. Mais la plupart des immeubles sont vides. Et il faut entretenir le personnel, payer les contributions, les assurances, acquitter les gages du chef, du jardinier, du suisse, nourrir, héberger la valetaille oisive en attendant l'échéance d'octobre guettée par le peintre, le tapissier, le maçon. En vain les appartements sont offerts à vil prix, en vain le casino organise des fêtes...

Et voici que, aux derniers jours de juillet, la clientèle arrive, d'un coup, comme obéissant à un signal. Des trains, s'échappe une multitude de gens affolés, bruyants, inquiets, qui envahissent les hôtels, s'installent dans les chambres transformées en dortoirs, s'entassent dans les restaurants, réquisitionnent chevaux et voitures, mobilisent les guides — et s'en vont en criant que la vie est coûteuse aux Pyrénées et que les indigènes exploitent le client.

Pendant un mois, c'est une fièvre de plaisirs brefs goûtés dans le tumulte, de parties organisées à la diable. Et puis subitement, sans raison apparente, ils partent, comme ils sont venus. Ils vont à Biarritz ou ailleurs. Mille regrets, pas le temps. Rien ne peut les retenir au delà des premiers jours de septembre. On a promis aux amis d'aller les rejoindre. On resterait volontiers. Tant pis ; les riches ne sont pas libres.

La conclusion est simple. Pendant quatre mois, les stations thermales des Pyrénées sont forcées d'employer un personnel nombreux, choisi, utilisé réellement pendant six semaines. Il est donc légitime qu'elles majorent les prix à l'époque si brève et si impatiemment attendue où elles doivent « refuser du monde. » Si la vie est onéreuse, dans cinq ou six coins, et si l'encombrement fausse parfois les rouages soumis à un effort trop brusque, c'est uniquement la faute d'une clientèle qui ne peut — ou ne veut — profiter du bon moment et se présente en masse, trop tard pour bénéficier des avantages qu'elle dédaigne. Il n'est pas nécessaire d'invoquer la loi de l'offre et de la demande pour comprendre ces choses. Les Pyrénéens, loin d'en être responsables, en sont les premières victimes. Et la clientèle doit accepter cette situation et considérer que, si elle a réduit la saison à un mois, elle n'empêche pas l'année d'en avoir douze.

CHAPITRE QUATRIÈME

LA VIE EN HAUTE MONTAGNE

La saison aux Pyrénées. — Elle tend à se rétrécir, beaucoup
par la faute des indigènes, un peu par la faute de la
clientèle. — Le remède à cette situation fâcheuse.

Les Pyrénées pays de villes d'eaux, non de tourisme. La
haute montagne ne figure pas sur le programme des
attractions, elle est considérée comme un décor; elle
n'est pas aménagée. — Mais la douceur du climat, son
égalité relative compensent cette disgrâce. — Les Pyrénées sont la terre d'élection du camping.

Technique du camping. — Son matériel, son organisation. —
Camping cure d'air et camping d'altitude. — Comment
chacun, selon ses goûts et ses moyens, peut goûter à
ses joies.

La chasse à l'isard, sport rude et sain, très en faveur. — Il y
des isards aux Pyrénées.

La pêche à la truite. — Comment le camping peut grouper
toutes les catégories d'amateurs. — L'avenir du camping.

LE CAMPING

L'originalité des Pyrénées tient à ceci : elles
sont essentiellement pays de villes d'eaux. J'entends par là que c'est la richesse, la vertu de
leurs sources et non la beauté de leurs sites qui
détermina la création des centres destinés à
recevoir la foule. Gavarnie est le seul endroit

dont l'existence soit uniquement due à la proximité d'une merveille naturelle. Et encore, malgré son universel renom, sa prospérité croissante, ce lieu est demeuré un village.

Cette constatation est capitale. Découverte après coup, la montagne proprement dite, unique fortune de la plupart des centres alpins, est toujours restée un élément d'attrait secondaire, estimé non seulement superflu, mais même, dans une certaine mesure, nuisible. En effet, les malades ne peuvent l'aborder sous peine de compromettre le succès du traitement, et les bien portants risquent de contracter, à son contact, des habitudes d'indépendance incompatibles avec les nécessités de la parade mondaine instituée précisément en vue de leur fournir des distractions faciles, surveillées.

A Dieu ne plaise que je veuille médire des stations thermales. Elles sont la gloire, la raison d'être des Pyrénées qui sans elles, complètement inconnues du public, n'auraient que les installations, les moyens de transport, les routes strictement indispensables à la vie locale. C'est pour elles qu'on y est venu depuis tant d'années, qu'on y vient présentement, qu'on ne cessera d'y venir en dépit de la vogue.

Pourtant elles auraient dû, semble-t-il, une fois leur existence solidement établie, songer

à l'appuyer sur la base que leur fournissait,
que leur fournit encore une nature exceptionnellement généreuse.

Ainsi parées contre les surprises, elles auraient pu trouver sur place une seconde force
capable de doubler, voire même de remplacer la
première. La Maladetta eût été pour Luchon
ce que le Mont Blanc est pour Chamonix, ce
que le Cervin est pour Zermatt.

Elles en ont jugé autrement. Le complément
de la cure, au lieu de le demander à la montagne proche, dispensatrice de santé, d'équilibre, à la montagne, c'est-à-dire au trésor fixe,
immuable, inimitable, dont nul ne pouvait leur
disputer la possession et qui était pour les
autres un objet d'envie, elles l'ont demandé aux
plaisirs les plus frivoles, les plus énervants, en
usage dans toutes les villégiatures de France.
Elles n'ont plus tenu au sol natal que par le
décor, d'ailleurs joli. Pour le reste elles ont
adopté l'habit, l'allure, les habitudes conformes
au mot d'ordre parti de la capitale.

Je ne prétends point que les stations pyrénéennes méprisent la haute montagne. A part
deux ou trois, qui en ont besoin, elles l'ignorent. Elles ouvrent largement la porte aux baigneurs pour la refermer aussitôt derrière eux.
On est là comme dans un vaste parc fleuri, par-

fumé, aux grilles dissimulées sous la verdure. Il faut se soigner, s'amuser, consommer sur place, selon la formule. Le tableau de la semaine est affiché. On sait qu'il y aura un gala dimanche, des courses lundi, une corrida mardi, que mercredi sévira un bal « sur invitations » où l'on rencontrera son coiffeur, et que vendredi, sous la réserve des entrées de faveurs suspendues, on applaudira sur les tréteaux du minuscule théâtre, joué par les acteurs de la création, « le plus grand succès de fou rire » de l'année. — Et je ne parle que pour mémoire de l'inévitable danseuse russe qui se trouve là, comme par hasard, toujours prête, sur les instances de ses nombreux amis, à prêter son concours gracieux. Le mot « gracieux », ne vous y trompez pas, signifie : gratuit.

En revanche, faites trois pas en dehors de la zone protectrice, cherchez les écriteaux propres à signaler la direction du sentier ombreux où il vous plairait de promener votre rêverie, il n'y en a pas, ou du moins ils sont réservés aux routes menant à des paysages classés, c'est-à-dire à des auberges. C'est votre faute aussi ; pourquoi êtes-vous si curieux ?

Évidemment il existe dans les pays des guides, des loueurs de chevaux et de voitures, corporations sérieuses, régies par une vieille tradition, bien antérieures à la création des casinos et connaissant à fond les ressources locales. Mais ces braves gens, voyant leur part diminuer de jour en jour, se découragent. La clientèle riche, qui payait naguère royalement leurs services, les marchande davantage et les utilise moins — à quoi bon se déranger quand on peut tuer le temps sans bouger ? — et la clientèle modeste doit, faute de moyens, s'abstenir. Incapables de faire prévaloir, comme autrefois, leurs sages avis, ils s'arrangent de leur mieux des conditions nouvelles que leur impose l'évolution des mœurs ! Renonçant à la prétention d'arracher de leurs lits, à l'aube, des gens qui, ayant bostonné ou cartonné toute la nuit, se couchent à l'heure où ils s'éveillent, ils restreignent de plus en plus le cercle de leurs évolutions et s'adonnent aux promenades brèves, n'exigeant nul changement d'habitudes. Ils se dédommagent en collaborant aux retraites, batailles de fleurs, fantasias et autres réjouissances offertes par l'administration.

Ainsi chaque station tend à devenir un monde à part, indépendant, qui se développe sans tenir compte des autres, considérées comme des rivales. Chacune a son bout de montagne, son coin personnel — cascades, lacs, gouffres, « points de vue », abbaye, vieux cloître, tour

en ruines, — chacune entretient, à l'usage de
ses clients, quelques chemins, qui d'ailleurs
s'arrêtent à temps pour permettre de rentrer le
soir. La montagne, la vraie, celle qui exige un
déplacement, — une fatigue — de plusieurs
jours, n'est mentionnée qu'à titre d'indication,
avec des cotes d'altitude généralement fausses,
et simplement pour montrer qu'il y a encore
des Pyrénées. Il convient en effet de se placer
sous l'invocation d'un nom considérable qui
anoblit, qui rassure et peut même à l'occasion attirer une clientèle, clairsemée sans
doute et peu reluisante, mais facile à vivre.
Le grand pic c'est comme le président d'honneur de certaines sociétés, qui accorde son
haut patronage et ne paraît jamais en personne.

Les grandes vedettes, celles qui font prime,
ne sont d'ailleurs dans toutes les Pyrénées
qu'une douzaine. Mettons quinze. Il y a des
stations qui en possèdent deux ou trois, et elles
ne nous l'envoient pas dire. D'autres, non des
moindres, n'en ont point, et elles dissimulent
leur dépit en affirmant qu'une bonne troupe
d'ensemble est supérieure à des doublures en-
tourant une étoile. Il n'importe. Celles-là seules
sont dignes d'une visite dont le renom a franchi la rampe. On connaît leur adresse, leur

situation, leur biographie, leur portrait. Maintes légendes courent sur leur compte.

Quant aux autres géants, ceux dont les mérites n'ont pas été proclamés, et qui sont beaux à l'insu des hommes — c'est-à-dire les plus rébarbatifs, les plus personnels, — on professe à l'égard de ces rudes personnages, trop distants pour être aimés, la plus respectueuse indifférence.

On comprendra donc pourquoi les Pyrénées occupent dans l'estime et l'admiration des alpinistes un rang si indigne de leur splendeur.

L'alpinisme est, en effet, une science subtile. Il s'exerce dans des conditions déterminées, d'après une méthode, avec des collaborateurs éprouvés, pourvus d'un diplôme. Il est exigeant, il veut trouver sur place une organisation sérieuse qui simplifie, qui facilite sa besogne, qui lui permette d'accomplir vite et bien son programme. Parlez-moi des Alpes. Là, tout est préparé en vue du monsieur qui peut venir. On arrive, on réquisitionne un ou deux spécialistes, on se fie à leurs soins, on les suit gentiment à la distance prescrite, on marche, on s'arrête quand il le faut, on redescend, on paie, on inscrit quelques lignes sur un carnet, on part, on rentre chez soi, enchanté d'avoir en si peu de temps, « fait » tel pic classé difficile.

Ici, dès qu'un curieux estimant le menu trop maigre signale un nom qu'il a lu sur une carte ou propose une variante à une excursion classique, les bras se lèvent, les yeux s'agrandissent. Il faut calculer. Les uns, qui se défient du client jugé à première vue insuffisant, blâment l'entreprise vantée par les autres, plus entreprenants. L'alpiniste s'effare, s'irrite. Il n'est pas à son aise. Il sent bien que ces gens ne l'attendaient pas, qu'ils n'ont rien prévu.

Alors, il cherche des renseignements dans les manuels. Là, il trouve quelques lignes : « ascension difficile, guide nécessaire » ; ou bien : « vue très belle et très étendue; ou bien encore : « immense panorama ». Franchement c'est un peu bref. Il faut s'enquérir ailleurs. Les bulletins de sociétés abondent ; mais outre qu'ils ne figurent pas à l'étalage des libraires, les récits qu'ils publient, rédigés par des spécialistes, ne s'adressent qu'à une minorité, déjà convertie. Ils ne prétendent pas toucher le grand public.

Que faire ? S'en aller ?

Non. Rester.

Car si l'alpinisme est la façon la plus pratique, la plus rapide d'aborder la haute montagne, il n'est pas la seule. On peut adopter certaines de ses méthodes jugées d'accord avec le caractère particulier du pays et des habitants, sans en accepter l'ensemble sous prétexte qu'il a reçu l'estampille. On peut même lui opposer des procédés personnels, très différents.

Nous sommes aux Pyrénées. Les Pyrénées ne ressemblent pas aux Alpes, heureusement, sans quoi elles n'en seraient, comme on le croit souvent, qu'une réduction. Il y a ici le pyrénéisme. De ce qu'il est plus jeune, plus réduit, moins riche en illustrations, de ce qu'il garde une allure familiale, il ne s'ensuit pas qu'il ne mérite l'estime, l'admiration, pour l'ardeur de son zèle, le sérieux de ses convictions, les nombreux exploits inscrits à son actif. Il a eu ses prophètes, ses héros, il a eu ses martyrs. Les qualités qu'il met en jeu sont autres, non moindres. Le rôle prépondérant qu'y jouent l'initiative, l'audace, l'endurance, attestent sa noblesse. Le pyrénéisme n'est pas une variante de l'alpinisme. Il est né sur ce sol rude, âpre, désolé, désert, d'une collaboration étroite entre le touriste et l'indigène, entre le citadin et le montagnard, unis dans un même désir de vaincre.

Les Pyrénées ne sont pas truquées. Elles ont

échappé aux atteintes des barbouilleurs, affi-
cheurs, entrepreneurs et autres vandales. Que la
masse du public invoque leur état d'abandon —
qui constitue leur charme — pour justifier son
abstention, cela se conçoit. Mais les amants de la
nature, les amateurs de sensations rares, les
apôtres du « Beau, » ceux qui protestent avec tant
d'énergie — dans le monde — contre l'envahis-
sement de la foule, qui se lamentent sur la dis-
parition du pittoresque et signalent les moindres
attentats à la splendeur des paysages, ne
devraient-ils pas accourir vers ces montagnes
demeurées si jeunes, si fraîches, et dont les trésors n'ont pas encore été rapetissés à la mesure
des regards humains? Aiment-ils vraiment, ceux
qui exigent de l'objet aimé tant de complai-
sances et lui marchandent chichement le sacrifice de leurs aises?

Les grands massifs, à quelques exceptions
près, sont à peine connus. Vous les explorerez.
Les voies d'accès ne sont même pas indiquées.
Vous prendrez la peine — le plaisir — de lire
une carte, d'élaborer un plan, de combiner un
itinéraire avec variantes, en cas de surprises.
Les guides ne peuvent garantir le succès d'une
entreprise conçue en dehors des règles habi-
tuelles. Vous les aiderez. Les chemins, mal tracés, se perdent dans les chaos et les éboulis.

Vous les chercherez; en cherchant bien, on trouve toujours. Il n'y a pas de refuges, les cabanes de bergers, placées à la limite des pâturages sont des bouges dont l'odeur donne des nausées. Qu'importe. Mettez sur votre sac quatre morceaux de toile, deux piquets; et vous aurez votre maison à vous, votre tente.

Quand vous serez rentré, vous comprendrez la sottise des comparaisons qui opposent les Alpes aux Pyrénées. Comparaison n'est pas raison, affirme un juste proverbe. Ici, les pics sont moins élevés, donc moins redoutables en général, moins exposés aux tourmentes. L'escalade proprement dite est plus brève, plus aisée. Mais que de disgrâces viennent compenser ce léger avantage et handicaper l'infortuné pyrénéiste forcé de se mouvoir, de se diriger à travers ces solitudes sans abri avec des indigènes qui ne lui apportent que l'appoint de leur instinct!

Alors les Pyrénées sont plus dures que les Alpes?

Certes, pour le touriste qui a besoin d'être entouré, soigné, gâté, qui veut savoir où il est, où il va, qui réclame le bon souper, le bon gîte. Non, pour le malin pourvu d'initiative, capable de porter la charge, de repérer la route, d'allumer du feu, de prolonger l'effort bien au delà des limites prévues, — et qui s'arrange.

Car les Pyrénées, si déshéritées par ailleurs, possèdent un privilège unique : le climat, un climat méridional, doux, relativement régulier et qui permet, moyennant certaines conditions, des séjours prolongés à de hautes altitudes.

De tels séjours ne sont possibles que par la pratique du « camping ». Et nous arrivons ici à la formule idéale du sport montagnard en ces Pyrénées qui apparaissent sa terre d'élection.

Malgré sa désinence anglaise, le mot camping sonne clairement à nos oreilles. Dans camping il y a camp, eût dit Hugo. Le camping est donc l'art de camper. Et nous voilà aussitôt renseignés sur l'origine et l'objet d'un jeu pratiqué de toute éternité — avec quelle maîtrise ! — par les Français, et devenu, grâce à l'ingéniosité britannique, un sport.

On a beaucoup parlé de lui, depuis quelques années. Il importe peu qu'il soit, ou non, adopté par la minorité qui indique aux indécis la façon admise de s'amuser. Outre qu'une telle consécration peut lui échoir du jour au lendemain, il ne s'en soucie guère. Le camping prend sa raison d'être en soi. Il répond à un besoin, il est une nécessité pour les indépendants affranchis des formules, pour les curieux avides de voir, pour les raffinés qui veulent doser eux-mêmes les épices de leurs joies. Il a ici un double effet : il ouvre aux promeneurs moyens l'accès d'un territoire jadis ouvert aux seuls montagnards bien équipés et à ces montagnards il offre une base d'opérations solide, sûre, agréable, susceptible de se déplacer selon les circonstances.

Grâce à lui, l'homme n'est plus le passant craintif qui interroge le ciel et tremble à l'approche de la nuit : il est le maître commodément installé en un domaine où il a élu domicile et qu'il peut explorer à loisir.

Le camping économise le temps, la fatigue, l'argent. Il évite l'ennui des interminables descentes au fond des vallées, à la recherche, parfois vaine, de la cabane pouilleuse marquée sur la carte et souvent ruinée par l'avalanche ou masquée par le brouillard ; il libère de l'infâme posada, du carabinier obséquieux, de la route poudreuse hostile au pas cadencé du marcheur. Il réduit de la moitié, des trois quarts, la longueur désespérante des accessions. Il rend facile le difficile, possible l'impossible, il permet le contact étroit, absolu, constant, de l'homme et de la montagne.

Et cette communion est indispensable à qui

veut sentir pleinement la nature, en extraire,
pour les savourer sur place, les leçons.

L'escalade accomplie au pas de charge, sac au
dos, avec la préoccupation irritante de se conformer à un immuable horaire, avec la menace
perpétuellement suspendue du nuage prêt à
crever, la marche pénible, régulière, épuisante à
travers des obstacles constamment renouvelés,
ne peut offrir de haltes assez longues pour délier
complètement les nerfs crispés, pour apaiser les
battements du cœur. On marche, on s'arrête ; on
marche, on arrive ; on marche, on rentre.

Et qu'a-t-on vu ? Beaucoup de choses, c'est-à-
dire : rien.

On a traversé des forêts silencieuses, franchi
des torrents sonores, escaladé des rocs branlants,
chevauché des crêtes déchiquetées, taillé des pas
au flanc des murailles de glace. Mais on courait,
on avait froid, on avait chaud, on avait faim, et
le guide soucieux regardait le ciel. Forêts,
torrents, rocs, crêtes, murailles ne furent que
des visions à peine entrevues dans le feu de
l'action, aussitôt remplacées par d'autres,
évanouies déjà.

Certes, l'impression qu'on rapporte de ces
brèves randonnées se cristallise avec le temps et
s'installe solidement au fond de la mémoire
reconnaissante qui la conserve. Ce n'est pourtant

qu'une impression d'ensemble, sommaire, où manquent les passionnants détails, seuls capables de la renouveler, de la parer. De ce concert magnifique ne se dégage pas dans sa splendeur auguste la voix même de la montagne. Et celui-là seul peut l'entendre qui sait l'écouter, attentivement. On ne commande à la nature qu'à la condition de lui obéir, affirme Roger Bacon.

Ceci dit, on ne doit se hasarder là-haut qu'avec un matériel adapté à l'objet qu'on se propose. Elles varient selon l'altitude et deviennent de plus en plus sévères à mesure qu'on se rapproche des sommets.

*
* *

La considération de poids, si importante dès qu'on dépasse la limite supérieure des pâturages et des forêts inaccessibles aux mulets — 2,200 mètres environ — n'intervient pas lorsqu'on se contente de s'établir en cette zone intermédiaire, pleine de ressources locales, et habitable, sinon habitée. Elle est de beaucoup la plus séduisante, la plus caractéristique. Elle est aussi la moins connue, car les promeneurs ne l'atteignent pas et les montagnards la dépassent. Elle annonce la haute montagne, elle rappelle la plaine. On aperçoit d'un même regard les cimes dressées contre le ciel et les maisons tapies au fond des vallées sombres, les nuages enroulés en turban autour des pics et la fumée flottant sur les toits bleus des granges. On y trouve de l'herbe, des fleurs, des arbres, des cascades, des sources vives. L'air qu'on y respire sent la menthe et le sapin. Il s'y mêle, au crépuscle, le parfum des œillets sauvages.

On imagine facilement l'indicible saveur de cette vie simple et raffinée, active et paresseuse, rapide et lente. Elle offre à tous de rares délices, au chasseur comme au pêcheur, au désœuvré comme au convalescent. On peut la tenir pour la cure d'air idéale.

Le matériel, évidemment, dépend des goûts, des moyens, des habitudes de chacun. Pour un voluptueux qui préfère un séjour en haute montagne à une villégiature estivale dans une station quelconque, toutes les fantaisies sont permises. Une des personnalités les plus éminentes du pyrénéisme, notre regretté ami le baron Bertrand de Lassus, a mené pendant de longues années au milieu des solitudes l'existence fastueuse d'un délicat adonné aux jeux passionnants de la chasse et de l'escalade. Un de ses derniers déplacements, qui dura quatorze jours, nécessita la collaboration de quarante-quatre guides et porteurs ; vingt mulets assurèrent le transport du campement. Trois messes furent célébrées là-haut, sur un autel en bois démontable, par le R. P. Carrère, de Lourdes, et l'abbé Hèche, curé d'Esquièze.

Ce divertissement royal n'est pas permis à tous. Touristes, pêcheurs, chasseurs adopteront une installation qui, pour être simplifiée, n'en conciliera pas moins les exigences du confort avec les nécessités du pays.

Trois guides, deux mulets suffisent largement pour transporter les deux tentes et les accessoires indispensables, tels que sacs à dormir, matelas de Kapok, cantine d'aluminium, couvertures, appareils photographiques, carabines, etc. Les tentes, en toile cachou, imperméable et imputrescible, larges de 2 mètres sur 2 mètres, hautes de $1^m 70$, pèsent 12 kilos. Chacune d'elles peut offrir à trois ou quatre personnes un abri confortable, propre et chaud. Une toile à voile, posée sur les brindilles de sapin, protège contre l'humidité les reins des dormeurs couverts par une épaisse couverture de laine bien empochée aux deux bouts. Les plus douillets insèrent leur pyjama dans le doux molleton du sac à dormir qui, avec son oreiller et ses coussins pneumatiques, son capuchon maintenu au-dessus de la tête par une lamelle d'acier flexible, constitue un véritable lit d'où l'on s'arrache avec peine.

Quant à la subsistance de la petite colonie, elle est largement assurée par une batterie de cuisine en aluminium spécialement établie à cet effet.

En quelques minutes les poulets apportés vivants, liés par les pattes au sac du guide, sautent dans la casserole, les œufs achèvent de se brouiller dans la poêle, le gigot tourne sur la broche ; dans la cocotte en terre brune mijote la garbure odorante. Avec quel appétit ne fait-on pas honneur au festin !

Des brasiers où se consument d'immenses troncs d'arbres, répandent à travers le camp, dès la tombée de la nuit, la chaleur et la lumière. La fermeture hermétique des tentes, leur parfaite imperméabilité, les transforment bien vite en des maisonnettes trop chaudes, qu'il convient d'aérer. On ne souffre *jamais* du froid à ces altitudes où le bois abonde.

Attaché à un caillou, le bateau pliant — on a établi son camp au bord d'un de ces innombrables lacs qui sont la plus jolie parure des Pyrénées — tire doucement sur ses amarres. Il est l'orgueil de l'expédition. Il pèse 22 kilos et se porte plié sur le paquetage. Deux pêcheurs peuvent s'y caser. Pendant que l'un plonge doucement dans l'eau les avirons courts, l'autre lance la mouche avec dextérité, car les truites sont défiantes. Cuites sur une lamelle de schiste, elles constituent le plus fin régal du monde.

Le soir on se réunit autour du feu. L'assiette posée sur les genoux, on se raconte les événements du jour, car chacun, ici, s'amuse à sa façon et tire le parti qui lui convient des ressources du pays. Le chasseur, ayant traqué à l'aube une harde d'isards, repartira demain matin chercher sur la neige les traces sanglantes de la bête qu'il blessa et dont il dut, à l'approche de la nuit, abandonner la poursuite. Les deux porteurs chargés de ravitailler la troupe à la posada ont rencontré, derrière les aiguilles rouges qui ferment l'horizon, un contrebandier cherchant un passage vers l'Aragon. Ils ont offert à l'homme altéré quelques gouttes de ce vin râpeux qui sent le cuir de la peau de bouc. Enfin les montagnards ayant voulu passer la frontière se sont vu coucher en joue par un carabinier sordide qui, sur la promesse d'un douro discrètement inséré dans sa paume brune, consentit à poser devant l'objectif, impitoyable aux taches de son dolman déteint.

On conclut en riant que l'Espagne est un pays charmant.

*
★ ★

Cependant, les grands marcheurs rêvent de s'élever plus haut. L'inaction leur pèse, énerve leurs forces. Ils rougissent de céder aux molles délices de cette vie trop facile qui s'accorde mal avec la majesté de la montagne. Ils souhaitent rester dans les solitudes glacées qui les attirent, les retiennent. Ils partiront. Ils reviendront toucher barre au camp des flâneurs, qui ne s'occuperont pas d'eux.

Pour la sévère et relativement brève randonnée, ils renonceront au confort. Leur troupe se constituera en une équipe solide, compacte. Le paquetage étant destiné à être transporté à dos d'homme, en des terrains dangereux qui exigent la pleine liberté des mouvements, sera aussi réduit, aussi léger que possible. Un matériel trop lourd, trop compliqué, contrarierait l'expédition, l'exposerait à des retards, à des surprises, à des mécomptes. En outre, l'adjonction d'un porteur supplémentaire recruté sur place — pâtre ou berger — risquerait d'introduire dans l'équipe un maladroit ou un timide capable d'en gêner l'action, d'en rompre l'unité, nécessaire au succès.

On se contentera d'une petite tente en grossière toile à voile, mesurant 2 mètres sur 2 mètres, haute de 1 mètre et pesant, piquets compris, le poids invraisemblable de 5ᵏ500. Elle suffira, malgré ses dimensions exiguës, à fournir un gîte décent pour les nuits, d'ailleurs courtes en été. C'est l'affaire de quelques minutes que de monter et de démonter la maisonnette qui, solidement fixée au sol par des cordelettes, est en état de braver les plus violentes bourrasques.

La première condition est évidemment de se tapir, de « s'embusquer » dans un creux, contre une muraille, sous un sapin, et de ne jamais s'installer dans les endroits les plus pittoresques, lesquels sont généralement les plus découverts. Sage précaution que le guide devra imposer aux néophytes peu soucieux de se terrer au milieu de la nature dont ils se croient trop volontiers les maîtres.

Le reste de la charge consistera en deux couvertures de laine, une toile caoutchoutée, un réchaud à alcool — il n'y a pas de bois là-haut, évidemment — et les vivres ordinaires.

Si modeste qu'il soit, ce matériel convient parfaitement aux expéditions entreprises par des touristes déjà entraînés et connaissant bien leurs forces. La proximité du camp permet de les arrêter à la première alerte. Elles sont indispensables à quiconque veut explorer à fond un massif éloigné de tout centre. Songez donc au chemin que peut parcourir, entre quatre heures du matin et sept heures du soir, une équipe partant d'un point élevé, en parfait état de fraîcheur et que ne talonne pas la préoccupation de regagner le gîte avant la tombée de la nuit.

Après ces explications techniques, dont je m'excuse, vous imaginerez sans peine le charme de cette existence. Perdue au milieu des vagues immobiles du glacier, la petite tente est pareille à la barque du pêcheur sur la mer. Grâce à elle nous pouvons contempler froidement, posément, avec des sens affinés par le repos, les merveilles qui frappent trop, pour l'émouvoir vraiment, le passant hors d'haleine toujours soucieux d'assurer sa retraite.

Nous assistons ainsi aux mille drames incessants qui se jouent entre les éléments contraires de ce monde que notre ignorance croit morts parce que nous n'avons pas l'occasion d'en observer, de près, les palpitations formidables et lentes. A constater que la nature, même en ses plus vieux rouages, s'obstine à vivre après tant de siècles, ne prenons-nous pas une conscience plus exacte de notre force et de notre faiblesse, de notre rôle ici-bas. Il est vrai le cri de Pythagore : « Tout est sensible », et celui de Leibnitz aussi : « Rien n'est négligeable ». Nous sommes les frères turbulents des rocs pensifs, des sapins vénérables, des saules dont une tunique d'argent enserre la taille souple. Nous sommes des parties du grand Tout, nés de la même terre et destinés à mourir. Ils vivent comme nous, qui commençons à peine à les comprendre, ils ont, autant que nous, le droit de vivre. Leur vie est peut-être plus respectable que la nôtre, puisqu'elle est demeurée obscure, traditionnelle et passive. Et qui sait si la lueur d'intelligence dévolue pendant de brèves années à quelques-uns d'entre nous n'est pas largement compensée par la durée séculaire assignée aux choses muettes !

Il n'est pas besoin d'effleurer de si graves problèmes pour démontrer l'utilité des campements en montagne. Le fait seul qu'on puisse se livrer là-haut à de telles spéculations prouve combien la nature agit profondément sur l'homme qui se donne la peine de l'interroger, au lieu de la brutaliser.

D'autres attraits plus familiers, plus humains sont attachés à cette rude et délicate existence. Il est amusant de transporter avec soi sa maison en ces lieux déserts, d'élire pour domicile tel coin choisi pour sa seule beauté. La manœuvre en elle-même est plaisante, chacun se conformant au rôle que lui assignent ses aptitudes. Car nous savons faire beaucoup de choses que nous ne soupçonnons pas. L'un va quérir de l'eau, allume le feu, dispose autour du foyer les pierres plates destinées à supporter la gamelle. L'autre taille des branches de sapin qui formeront le lit étend sur les piolets les vêtements mouillés. Les guides ont déjà déroulé la tente, enfoncé les piquets, tendu les cordes, creusé la rigole qui, le cas échéant, canalisera la pluie. En dix minutes on a chaussé les espadrilles, substitué un maillot sec à la chemise trempée, coiffé le béret, posé la pèlerine sur les épaules. Car un vent frais se lève, la nuit s'annonce froide, il faut profiter des derniers rayons du soleil. On se hâte.

Des cris joyeux saluent l'apparition de la soupe bouillante, des foies gras qu'on étale sur le pain coupé en longues tartines, du gruyère onctueux, du thé dont une tranche de citron relève la saveur. Quel festin vaut donc celui-là, et quelle importance prennent ici les moindres objets ! En même temps que les étoiles, les pipes s'allument, on se sent envahi par un indicible bien-être et l'on s'attarde encore, le dos à la flamme, la poitrine caressée par la brise qui

porte aux montagnards, avec tous les parfums
de la terre moite, la rumeur lointaine du torrent, le bêlement d'une brebis, l'aboiement
enroué d'un bon gros chien, surpris d'apercevoir là-haut, dans sa montagne, une lueur
inconnue.

Et que la nuit soit brève ou longue, tiède ou
glacée, orageuse ou sereine, que la tente se
dresse au milieu des sapins amis, dans un
enclos de rochers entouré de neiges éternelles
ou en plein glacier, c'est toujours l'abri solide
qui nous valut à nos deux hommes et à
nous-même les plus pures émotions de notre
carrière pyrénéenne.

Si fragile que soit notre maisonnette — quatre
bouts de toile cousus par les doigts noueux
d'une vieille servante à madras — elle ne nous
a jamais trahi au cours de nos plus lointaines,
de nos plus difficiles expéditions. Prudemment
ancrée à l'ombre des grands arbres, elle a bien
souvent frémi sous l'ouragan, résonné sous la
grêle, sans jamais briser ses amarres ni rompu
ses mâts de frêne. C'est grâce à elle que nous
connaissons les Pyrénées comme vous pouvez
les connaître vous-mêmes, si le jeu vous séduit.
C'est grâce à elle que nous avons pu prolonger
au-delà des limites ordinaires notre séjour sur
les cîmes et planter notre bâton sur le sommet

des pics à l'heure où, au fond des vallées bleues,
les hommes s'éveillent à peine.

*
* *

Tout cela est fort bien, direz-vous, pour les
sportsmen disposant de loisirs et de ressources,
pour les montagnards passionnés, armés de
courage. Mais de telles expéditions, assez oné-
reuses si l'on en juge d'après le personnel et le
matériel nécessaires, ne sont permises qu'à une
élite. La masse du public, privée des facilités
que lui offrent si libéralement les autres pays
de tourisme, doit se borner aux pèlerinages
rituels, les seuls tarifés, et qui donnent une idée
si vague, si fausse de ces Pyrénées, réservées
aux riches, aux forts.

Eh bien, non ! le camping se prête encore à
maintes combinaisons faciles, où peuvent être
conviés les promeneurs moyens, curieux de découvrir eux-mêmes des coins non signalés, d'y
passer la nuit afin d'assister le lendemain au
lever du soleil. Les hôtelleries, les auberges,
placées en des endroits dont le choix ne fut pas
toujours déterminé par la beauté du site, ne sont
des points d'arrêt obligatoires que pour les gens
non équipés, démunis de vivres. Il faut bien se
restaurer, se reposer. Ceux-là, qui se sont levés

tard, qui sont venus les mains vides, qui ne savent même pas où ils sont, doivent accepter le menu du tenancier, sous peine de mourir d'inanition.

Une pareille obligation n'existe pas pour ceux qui transportent leur maison, leurs vivres. Ils sont libres, ils choisissent. Ils sont plus riches que les riches qui, eux, doivent aller où il convient d'aller. Au lieu de tourner à droite, comme les autres, ils tournent à gauche ; au lieu de s'arrêter au commandement, ils continuent. Ils montent au lieu de descendre, ils restent au lieu de rentrer. Au lieu de se retrouver, devant la cascade célèbre ou le gouffre fameux avec les figurants rencontrés aux Quinconces ou sur la promenade horizontale, ils se retrouvent entre eux dans un paysages émouvant, tranquille, conquis par leur volonté, dont ils sont, pendant quelques heures, les hôtes, sinon les maîtres.

Et pourquoi ces malins sont-ils affranchis ? Parce qu'ils ont pris la peine d'acheter une pièce de calicot, de la tailler, de la faire coudre par une femme de journée, d'y fixer des anneaux, des agrafes, des cordelettes, d'acquérir au bazar voisin des ustensiles de cuisine — gamelle, marmite, poêle à frire, gourdes, quarts, seau de campement — le tout constituant un fourbi de rien, coûtant quelques louis et pesant moins qu'une bicyclette. Parce que, ayant placé ledit fourbi avec les vivres et couvertures sur le bât d'un bourriquot résigné, indifférent aux coups de trique que lui prodigue un gamin en espadrilles, ils sont partis à l'aube, sans tambour ni trompette, prendre possession d'un coin connu des seuls bergers et chasseurs et jugé par eux à l'abri de toute invasion.

Cette troisième adaptation du Camping mériterait de devenir populaire. Elle ouvre des voies d'accès nouvelles à un public que la suffisance masculine croit incapable d'aborder sans péril la haute montagne. Je veux parler des femmes. Des expériences fréquentes, tentées et réussies aux alentours de Luchon — de la station où la clientèle semble le plus répugner à de telles entreprises — nous ont prouvé que les Parisiennes les moins sportives, les mondaines les plus étroitement asservies au culte de leur personne, les plus férues de pâtes, d'onguents, de crèmes, de mixtures et autres drogues qui doivent toujours les conserver jeunes, et belles, et minces, peuvent devenir du jour au lendemain, sans entraînement, sans la simple suggestion d'une autorité qui s'impose, par amour-propre, par orgueil de ne pas céder devant l'homme, des ferventes de ce sport merveilleux si riche en émotions.

La nuit paraît longue, certes, même en été. On dort mal, d'un sommeil fiévreux, énervé par l'air trop vif, la chère trop copieuse, la fatigue, la peur instinctive des solitudes qu'on affrontera le lendemain. On s'habitue malaisément au grondement monotone des cascades, du gave, à l'éclat blafard de la lune qui traverse la toile, raidie par la rosée, de la tente. Mais la présence des compagnons solides, leur calme, leur entrain rassurent les peureuses. Elles veulent se montrer braves.

A l'aube, le soleil dissipe aussitôt ce léger malaise, les forces reviennent avec la divine chaleur. On les emploie à gravir des pentes ardues, à escalader des rocs, à glisser sur la neige dure des glaciers, jeux plaisants propres à raffermir les muscles et les courages. La journée passe vite en ces amusements et les guides doivent user de persuasion pour décider les retardataires à regagner avant la nuit les casinos dont elles eurent tant de peine à s'arracher.

LA CHASSE A L'ISARD

J'ai cité plus haut la chasse à l'isard comme une des formes les plus émouvantes, les plus singulières, du grand sport en ces Pyrénées dont le lecteur doit maintenant commencer à connaître les attraits, injustement dédaignés.

Il convient d'insister sur les conditions qui régissent la pratique de ce jeu.

Les isards ! D'abord les malins n'y croient pas. Ils se défient. Ils sont fixés depuis longtemps sur la valeur des attractions inscrites au programme des villes d'eaux. Les isards, sans doute, y figurent en bonne place, à la rubrique sportive, à côté du golf, du tennis, des tournois d'escrime. Mais où se tiennent-ils ces animaux fabuleux qui s'obstinent, malgré le boniment, à rester dans la coulisse alors que le public, impatienté, les réclame. Où sont-ils ?

Chaque fois qu'on s'aventure un peu loin, au port de Vénasque ou au lac de Gaube, chaque fois qu'on atteint la limite des promenades permises, on se dit en partant : Ce sera pour aujourd'hui ! On se prépare, on regarde, on fouille l'horizon avec sa lorgnette. On aperçoit bien des glaciers, des crevasses, des murailles sombres, tous les accessoires classiques de la haute montagne, mais, il faut l'avouer, on ne distingue pas un seul isard. Les guides, interrogés par les dames crédules et les messieurs sceptiques, haussent les épaules. Ce n'est pas de leur faute, ils regrettent. Les isards sont prudents, ils se déplacent sans prévenir, ils n'ont point de domicile fixe, et se gardent de laisser leur adresse. Hier ils étaient en Espagne, demain ils seront en France. Avec eux, on ne sait jamais. En Espagne, le bon billet ! Allez donc les chercher là-haut !

La vérité, c'est qu'il n'y a pas plus d'isards aux Pyrénées que de bouquetins dans les Alpes et de mouflons en Corse.

On se trompe. Il y a des centaines, des milliers d'isards aux Pyrénées. Ils constituent la plus jolie, la plus délicate parure de ces montagnes vénérables et cruelles encore que jugées simplement charmantes par les esprits sommaires. Seulement il faut, pour jouir du fin régal, se donner un peu — beaucoup — de peine, c'est-à-dire monter là-haut, s'y installer à demeure pendant plusieurs jours avec une escorte de professionnels habiles, des armes, des munitions, des vivres. Ces conditions une fois réalisées, un chasseur adroit, aguerri à la fatigue et exempt de vertige, pourra constater par lui-même que, s'il ne rapporte aucun trophée de son expédition, c'est sa faute et non pas celle des lieux où il exerça sa maladresse.

Les isards n'ont pas coutume de circuler en troupeau, comme les moutons, sur les sentiers. Ils évitent même, avec raison, les alentours des massifs visités. Ils habitent les solitudes presque inaccessibles où ils peuvent trouver, à défaut de leur subsistance, quelque sécurité.

Sécurité toute relative d'ailleurs, pendant la saison d'été, alors que la montagne est sillonnée par les caravanes de touristes et les convois de mulets assurant le trafic entre la France et l'Espagne.

A première vue l'isard apparaît la victime désignée par sa faiblesse à l'hécatombe. Ce petit animal gracieux, aux jambes grêles, au long corps frissonnant, à la tête étroite surmontée de cornes recourbées, évoque l'image de la fragilité. A contempler sa silhouette élégante, sa jolie robe fauve, ses sabots minuscules, on se demande comment un tel être peut vivre et se multiplier en un domaine constamment soumis à la fureur des éléments, et où les plus braves d'entre nous ne s'aventurent qu'en tremblant.

Ne vous y trompez pas, cependant. La délicatesse apparente de l'isard n'est qu'une coquetterie de la nature qui a pourvu amplement à sa sûreté. Contre la force brutale de l'homme, décuplée par son génie, ce déshérité possède deux armes généralement suffisantes pour tenir en échec l'adversaire : un odorat prodigieusement subtil capable d'éventer l'ennemi à des distances invraisemblables, et une agilité féerique

qui lui permet, à la la moindre alerte, de s'éclipser. L'isard est en effet chez lui, et si d'aventure il s'est laissé surprendre, il peut, par sa
merveilleuse adaptation au milieu, se mettre,
en quelques bonds, hors d'atteinte.

Le chasseur devra donc faire appel au concours de spécialistes rompus aux finesses de la
montagne, ou bien — s'il ne veut rien devoir
qu'à lui-même — assumer bravement tous les
risques de la belle et périlleuse aventure. C'est
dire qu'il existe deux façons différentes de
chasser l'isard.

La première — la chasse au rabat, ou au
poste — est l'apanage des oisifs riches plus soucieux d'inscrire à leur actif un tableau sensationnel que d'affronter les fatigues et les dangers
d'une lutte rendue difficile par la configuration
du terrain et la méfiance du gibier poursuivi.
Elle est plutôt un divertissement qu'un sport. Elle
entraîne des frais d'autant plus considérables
qu'elle peut se prolonger pendant des jours, des
semaines et que nul tarif ne limite les prétentions du personnel de fortune recruté sur place
et naturellement enclin à doser les exigences
selon la tête et l'habit du client.

Car s'il y a, dans chaque centre balnéaire, des
corporations de guides à pied reconnus et accré-
dités par le Club alpin et soumis à son bien-

UN AFFUT A L'ISARD. CRÊTE DU QUAÏRAT (3.059ᵐ)

PARTIE DE PÊCHE AU LAC COLOMÈS
(Haute-Catalogne.)

veillant contrôle, le nombre des chasseurs proprement dits est, faute d'emploi sans doute, assez restreint, sauf à Gavarnie et à Cauterets, conservatoires des vieilles traditions pyrénéennes. En outre, la plupart des bons fusils — et ils sont légion aux Pyrénées — préfèrent travailler pendant la saison d'été pour leur propre compte. Et ils se soucient médiocrement de mettre au profit d'un étranger qui pourra dépeupler par ses faciles hécatombes leur territoire une expérience conquise au prix de tant d'efforts, Quant aux rabatteurs, vous pensez bien que ces modestes auxiliaires n'assumeront pas, pour le plaisir, une tâche rude et sans éclat.

Ceci dit, vous comprendrez que la pratique du camping s'impose comme une nécessité. Le chasseur s'installe avec sa petite troupe à la lisière des forêts, entre 1,800 et 2,200 mètres environ. Rester plus bas serait se condamner à des montées et à des descentes perpétuelles; monter plus haut dans la région des neiges éternelles serait prétendre vivre en des lieux hostiles où la vie n'est possible qu'en passant. La zone intermédiaire — paradis des touristes et des pêcheurs et des flâneurs — offre toutes les ressources désirables. C'est là qu'il dresse son camp et qu'il attend sans impatience les événements.

Cependant les rabatteurs — quatre ou cinq gaillards connaissant à fond la topographie du pays — se sont éloignés dans des directions différentes pour ramener les hardes d'isards vers le point central où le chasseur, sur les conseils du guide-chef, installa son poste. Ce poste est généralement une brèche étroite ouverte dans une crête et dominant un glacier.

Habituées au silence, les bêtes craintives ont deviné les causes du vacarme insolite qui trouble leur quiétude. Elles flairent le danger et vivement, en quelques puissantes foulées, se précipitent vers leur invisible ennemi qui, juché sur son observatoire, les cueille en quelque sorte au bout de sa carabine. Il lui suffit de ne pas perdre la tête, de se tenir prêt, d'ajuster lentement et de tirer. Il faut être une mazette pour manquer son affaire dans de telles conditions.

Aussi peut-on affirmer sans exagération qu'un jeu si facile, si cruel, d'où toute initiative, tout effort, tout péril sont bannis, ne saurait être tenu pour un véritable sport. Évidemment, il ne manque pas d'intérêt, il amène à la montagne des gens qui n'y seraient jamais venus. Il fournit un gagne-pain à quelques pauvres bougres, il contribue à répandre le renom des Pyrénées. Mais outre qu'il confère à ses fervents des triomphes manifestement immérités, il a deux

conséquences fâcheuses : d'abord, il dépeuple
la montagne aux alentours des villes d'eaux et
relègue au delà de la frontière espagnole les
isards échappés au carnage. Enfin, il altère la
mentalité des paysans dont il décuple l'âpreté au
gain et rend ainsi tout le territoire inaccessible
aux touristes de condition moyenne désireux de
payer les choses à leur valeur.

Tel centre d'opérations, comme l'hospice de
Vénasque, si accueillant naguère, est devenu
quasiment inabordable à quiconque ne sème
pas les pesetas et les douros. Le séjour d'une
caravane prodigue a suffi pour doubler ou tri-
pler la dîme, jadis honnête, prélevée par l'indigène. Il est nécessaire maintenant de discuter
avec l'hôte défiant et cupide, avec le carabinier
qui brandit des papiers graisseux, avec le
gubernador solennel qui réclame.

Ainsi le bonheur des uns fait le malheur des
autres, et les Pyrénées espagnoles — c'est-à-
dire en somme les grandes, les belles, les vraies
Pyrénées — deviennent, par la faute de quelques
privilégiés insouciants, de plus en plus inaccessibles au vulgaire.

*
* *

Parlez-moi de la chasse à l'approche. Voilà

du sport, et quel sport! L'amateur qui le pratique avec succès mérite d'être tenu pour un montagnard de premier ordre, un homme complet.

Comparez en effet. L'alpiniste est, à côté de lui, un personnage. Il se met en route à son heure, il se conforme à un itinéraire déterminé vérifié par une longue pratique, décrit dans les manuels, connu de ses guides, spécialistes dont des attestations, des livrets, des plaques consacrent les états de services. Ces professionnels, qui en ont vu d'autres, lui demandent surtout d'obéir. Il choisit son jour, son pic. Toutes les précautions sont prises, la retraite est assurée en cas de défaillance, de mauvais temps. La colonne s'avance lentement, elle emporte les vivres strictement nécessaires, les outils indispensables imposés par la nature des obstacles qu'on sait devoir rencontrer, et dont on triomphera d'une certaine façon, d'après la théorie.

Même si par hasard on s'écarte du chemin classique pour tenter une voie d'accès inédite, l'effort, quoique violent, demeure bref, facilité par la collaboration des compagnons experts, édifiés sur les ressources de leurs clients. On étudie à loisir la ligne d'ascension, on délibère, on calcule, on discute. Une majorité se forme pour approuver ou blâmer la tentative. On ne se hasarde qu'à bon escient, lorsqu'on estime les chances de succès dignes de justifier un essai, qu'on peut d'ailleurs renouveler plus tard dans des conditions plus favorables.

Ainsi, les risques se trouvent singulièrement diminués, réduits à rien ou presque, et supportés surtout par les guides, héros obscurs qui agissent — et n'écrivent pas.

Le chasseur, au contraire, est complètement soumis au caprice de la belle proie qu'il poursuit dans son propre domaine et qui possède mille moyens de lui échapper. Il ne la voit pas, il ne l'entend pas, il ne la sent pas. Il doit la deviner, et il n'a, pour se diriger à travers le chaos des éboulis et des neiges, que son instinct, son pauvre instinct d'homme. Il n'y a plus désormais pour lui de pics, de cols, de passages, il y a la montagne, c'est-à-dire le désert.

Si encore il pouvait circuler librement, comme les autres qui bavardent, qui fument, qui rient, qui plaisantent. Mais non! Il lui faut se cacher, ramper, se couler à travers les blocs, se coller au flanc des murailles. Malheur à lui s'il détache sous les semelles de ses lourdes bottes la mitraille instable des petits cailloux prêts à filer aux abîmes! Malheur à lui s'il laisse sur les glaciers la trace de ses pas!

Cependant il monte, il monte. Il a cru distinguer, avec sa lunette, des petites taches brunes, là-haut, qui ne sont pas des rochers. Il sent son cœur battre sous ses côtes. Sans aucun doute, les taches sont vivantes, elles bougent. Il ne sait plus exactement où il est ; il ignore s'il pourra ce soir regagner la cabane où l'attend le berger, la tente où les camarades préparent le souper. Il sait où il va, où il doit aller. Il oublie tout, le ciel qui se couvre, le brouillard qui le cernera tantôt, la nuit qui descend. Une idée le soutient, le soulève : atteindre avant les ténèbres la crête où il s'embusquera en attendant le lendemain.

Il arrive enfin, regarde le gouffre ouvert à ses pieds, le glacier blafard sous les rayons de la lune. Il s'arrête, pose son sac, remet sa veste, mange, boit. Et drapé dans sa pèlerine, le béret rabattu sur les yeux, seul dans l'effrayant silence, il veille, adossé au granit qui surplombe.

L'aube se lève enfin, les premiers rayons du soleil commencent à dorer les cimes. L'homme, transi de froid, se secoue. Il sait que la harde, acculée à la muraille infranchissable, doit fatalement traverser le glacier qu'il domine. Bientôt il entend un léger bruit. Il se penche. L'événement se précipite, le vacarme s'accroît. Enfin les bêtes paraissent, une à une. Se croyant en sûreté, elles se préparent à descendre vers les pâturages supérieurs que les moutons n'ont pas encore envahis. En tête s'avance le veilleur. Tout à coup, il se retourne, interroge l'horizon : il a éventé l'ennemi d'hier qui est là, quelque part, invisible. Alors, il frappe vivement la neige de ses sabots pointus et obéissant au signal, la troupe légère s'enfuit, se disperse.

Mais l'homme a bien assuré son coup, et le dernier des fuyards tombe, blessé d'une balle en plein cœur.

*
* *

Un sport aussi rude, pratiqué dans un territoire hérissé d'obstacles, loin de tout centre habité, n'est évidemment permis qu'aux indigènes et à certains amateurs blanchis, — brunis — sous le harnais. Il ne présente guère qu'un intérêt local. Mais si la chasse à la traque s'accommode malaisément d'un personnel nombreux, elle ne prescrit pas nécessairement le confort, que peut lui assurer le camping bien organisé.

Quant aux isards, ils abondent encore, surtout dans les Pyrénées espagnoles, moins visitées, et ce ne sont pas les braconniers qui dépeupleront jamais ces vastes montagnes.

LA PÊCHE

Dans la tente où se réunissent, à la tombée de la nuit, les camarades qui ont consacré les belles heures du jour à l'escalade et à la chasse, le pêcheur peut apporter sa part d'entrain et de gaîté, voire même contribuer à varier le menu, forcément un peu monotone du dîner.

Le pêcheur à la ligne apparaît comme un personnage assez falot, un peu ridicule. La verve populaire, souvent injuste, parfois cruelle, raille sans méchanceté son aspect placide, ses goûts modestes. Parce qu'il n'arbore pas un costume spécial, parce qu'il ne plastronne point dans les réunions sportives et mondaines, on lui marchande la qualité de sportsman, réservée, semble-t-il, à ceux qui bougent, qui peinent, et qui, en somme, courent des risques.

Au demeurant, il ne prétend pas rivaliser avec ces virtuoses fêtés dans les gazettes et qui d'ailleurs estiment assez, sinon trop, la vaine fumée de la gloire. Et il rit de cela, dans sa barbe de fleuve. La pêche est plutôt un art qu'un sport. Elle exige plus de finesse que de force, plus de patience que d'audace. C'est pourquoi sans doute les Anglo-Saxons y excellent. Ils la considèrent comme un entraînement de la volonté, un jeu propre à développer les qualités de ruse, de ténacité qui caractérisent leur belle race d'individualistes confiantes et calmes, indifférents à l'opinion publique, uniquement soucieux de se développer normalement, en beauté, selon le rythme.

Il est des cas, cependant, où le pêcheur doit devenir un homme d'action. Dès qu'il s'attaque à la haute montagne, il se soumet d'avance aux conditions particulières qui la régissent. Associé du montagnard et du chasseur, il adoptera le même équipement, assumera sans maugréer les mêmes tâches et prendra sa part des joies et des peines communes.

On s'est installé au bord d'un de ces lacs, généralement anonymes, qui constituent, avec les forêts, la gloire des Pyrénées. La petite ville, tapie dans un coin d'ombre, au milieu d'un cirque de rochers qui la protègent contre le vent, frémit doucement au souffle de la brise. On marche avec délices, sur une herbe épaisse et odorante, parsemée de rhododendrons et de genévriers. L'eau miroite, vive et palpitante. En bas, dans la vallée, on aperçoit le fil de la route poudreuse, du torrent qui scintille, des maisonnettes dont les toits fument, sans relâche. En haut, des glaciers étincelants, des crêtes noires, des aigles qui planent.

Le pêcheur se frotte les mains. Il est seul pour

jouir de ce spectacle. Les camarades sont partis à la pointe du jour et ne rentreront que le soir. Bon débarras ! Ce sont des enragés, ils ne peuvent tenir en place, ils confondent le mouvement avec l'activité, ils ignorent que le véritable refuge est en soi-même.

Il endosse sa veste de toile, coiffe son panama aux larges ailes, vérifie l'état de son bateau. C'est une armature en frêne tourné, qui s'emboîte dans une bâche goudronnée. Une planche de fond, un siège canné, une paire d'avirons courts complètent l'armement du frêle esquif qu'une ceinture de kapok rend insubmersible et — si jose risquer ce mot barbare — inchavirable.

Le pêcheur s'embarque, gagne le large, s'arrête, ému par l'impassible et pur miroir que nul regard humain n'a jamais contemplé ainsi. Avec quel soin ne choisit-il pas, dans son havresac, la mouche artificielle, image de la mouche véritable qui, à cette heure, égratigne l'eau de ses pattes minces. Comme il hésitera entre la mouche de pierre et le cousin noir, entre la fourmi rouge et la chenille ailée ! Ce n'est pas tout. Il s'agit de fixer l'appât sur le bas de la ligne en queue de rat et de la lancer au loin, d'un seul coup, de façon qu'il tombe à l'endroit voulu, sans éclabousser, délicatement, et de le ramener par petits bonds successifs, propres à imiter

les soubresauts désespérés de la bestiole en
péril. Car la truite se méfie ; le moindre bruit
prend des proportions inusitées au milieu du
grand silence, la moindre silhouette surprend.
Et le pêcheur doit faire appel à toute son habileté s'il veut ferrer une belle pièce.

Cependant le soleil tourne, affleure les sommets. Le lac aussitôt devient noir. Il frissonne,
se ride, comme s'il avait froid. Il faut se hâter,
ranimer le feu qui va s'éteindre. Des cris annoncent le retour des amis. Qu'ils aient au moins
la surprise de trouver le dîner prêt à satisfaire
leur fringale.

La soupe embaume, la pêche de tantôt saute
dans la poêle, les pommes de terre ont mis leur
robe de chambre. On dîne devant la montagne,
sur la montagne, dans la montagne. On recons-
titue ses forces avec une foule de bonnes choses,
apportées d'en bas ou trouvées sur place. Longtemps on s'attarde sous le ciel noir dans ce
décor si vaste, rétréci maintenant. On pense à
ceux qui vous aiment et qui attendent, aux projets d'avenir, aux rêves irréalisés, aux amours
perdues, et, dans la fièvre délicieuse qui bat à
petits coups les tempes, on sent son cœur s'em-
plir d'une tendresse plus consciente et plus noble
encore pour les manifestations infinies de la
vie universelle.

CHAPITRE CINQUIÈME

LES PRINCIPAUX MASSIFS PYRÉNÉENS

Un peu d'histoire pyrénéenne. — Les Monts-Maudits. — La
Maladetta et le pic d'Aneto-de-la-Maladetta, point culmi-
nant de la chaîne. — Le Pont-de-Mahomet. — La crête
des Tempêtes et le Trou-du-Toro. — Le Cirque de Gavar-
nie. — La brèche de Roland et le Marboré. — Le Mont-
Perdu. — Ramond et la première ascension en 1802. —
L'observation du Pic-du-Midi. — Une œuvre nationale. —
Le général de Nansouty et l'ingénieur Vaussenat. — Le
Vignemale, gloire des Cauterets. — L'Ermite du Vigne-
male : le Comte Henry Russell.
Les forêts et les glaciers des Pyrénées.

LES MONTS-MAUDITS

Si les guides et les manuels décrivent, d'ailleurs sommairement, les Monts-Maudits dans le
bref chapitre consacré aux environs de Luchon,
c'est uniquement parce que Luchon est la station thermale française la plus proche, partant
celle qui fournit le plus de visiteurs.

Ce n'est pas seulement dans un autre pays,
l'Espagne, dans une autre province l'Aragon,
qu'ils dressent leurs pics dénudés; c'est dans un

autre monde. Et le contraste est saisissant entre la jeune ville coquette et la vieille montagne délabrée réunies en ce coin privilégié par un bienheureux caprice de la Providence.

Le massif granitique des Monts-Maudits, — que les Espagnols appellent Maladetta, — offre cette particularité de former, au milieu des Pyrénées si compactes, un groupe isolé, nettement séparé de l'ensemble. Cette particularité, qui en rend l'accès difficile, lui confère une originalité dont sont généralement dépourvus — à l'exception du cirque de Gavarnie — les autres sommets pyrénéens, trop rapprochés, trop fondus dans la masse pour présenter un caractère. Et si au mérite de la personnalité vous ajoutez celui de l'altitude et de la dimension, vous lui accorderez dans votre admiration — je voudrais pouvoir écrire : dans votre amour — le premier rang, qu'il détient déjà sur la carte.

Par un privilège unique, les Monts-Maudits possèdent, grâce au port de Venasque, un observatoire incomparable, propre à en offrir un panorama complet, composé comme un tableau et fait à souhait pour éblouir sans les effrayer les bandes joyeuses qui aiment à contempler la nature à travers la mousse d'une coupe de champagne. Ce n'est, à vrai dire, qu'une façade noble, pure, régulière, qui cache, sans les laisser

soupçonner, le sublime désordre des vallées tortueuses, des forêts sonores, des crêtes en dents
de scie, des cascades mugissantes, des glaciers
couturés de crevasses, des chaos d'éboulis, par
quoi se caractérise et s'illustre la beauté farouche de Malibierne, de Gregonio, d'Albe, de
Rio-Bueno, des Salenques, des Moulières et
autres lieux sauvages.

Mais il convient que la face aimable appa-
raisse d'abord aux regards des profanes qui
n'aiment pas encore assez pour aimer toujours
et quand même; et les spectacles trop démesu-
rés grisent comme les vins trop généreux.

De la posada où se débitent l'anis et le rancio
du señor Cabellud — grand chasseur d'isards et
brave homme — le pic de la Maladetta, qui a
donné son nom au massif, apparaît le plus
haut sur l'horizon. Il est aussi le plus élégant,
le plus fin de silhouette, et quoique ses
3,312 mètres doivent s'incliner devant les 3,404
mètres de son gros voisin aplati l'Aneto, —
point culminant des Pyrénées — c'est vers lui
que se porte l'attention. Éclipsé par son svelte
satellite, le géant semble affaissé sous sa cuirasse blanche. On est surpris, déçu. On le
souhaiterait plus fier d'une suprématie que lui
envieraient — si les montagnes étaient, comme
nous, capables d'envie, — le Vignemale et le

Mont-Perdu, rivaux bruyants; on le voudrait moins indifférent à la curiosité craintive des jolies femmes qui n'hésitèrent pas pour le contempler dans sa gloire éternelle à risquer le coup de soleil, fatal en dépit du voile bleu.

Car l'Aneto — négligé par les pyrénéistes qui le tiennent pour un ancêtre vraiment trop débonnaire — est à Luchon un personnage, un symbole, quelque chose de grand, d'intangible, dont on parle avec respect. Lui seul a le don d'attirer la clientèle, de plus en plus clairsemée, des touristes désireux de savoir s'il y a encore des Pyrénées. Et Luchon use, abuse de l'Aneto, et cela d'autant plus volontiers que c'est une attraction de tout repos, peu encombrante, n'exigeant aucuns frais d'entretien, et propre à augmenter son prestige, un peu effacé.

Quelle chance, pour une ville obstinément tournée vers les plaisirs faciles, que de pouvoir insérer dans son programme de fêtes, à côté des batailles de fleurs et des garden-parties, un si rare, un si noble trésor!

Aussi, gloire à l'Aneto, ou, comme ils disent, au Néthou! Familiarisés dès l'enfance avec son ascension longue, monotone et pénible, les porteurs de plaques, dédaignant les régions autrement séduisantes du port d'Oo, du cirque du Lis et des Posets, détournent à son profit la curiosité indécise des baigneurs qu'ils sont certains de satisfaire à bon compte. Et ces malins, esclaves de l'intérêt immédiat, lancent à sa conquête les novices tôt désabusés qui seraient demeurés des fervents de la montagne s'ils l'avaient abordée peu à peu, au lieu d'user du premier coup leurs forces dans une lutte inégale. Cela s'appelle, en bon français, tuer la poule aux œufs d'or.

Seul l'Aneto existe. Une légende, vieille d'un demi-siècle, se perpétue et s'épaissit autour de son front caduc. Les dames les moins versées dans les questions sportives connaissent de nom la Rencluse, la cabane pouilleuse et enfumée où l'on passe la nuit fatale qui précède le dur calvaire et d'où une tradition absurde veut qu'on s'arrache avant le jour, sous prétexte de consacrer à la marche quelques heures supplémentaires arrachées au sommeil réparateur. Quant au Pont-de-Mahomet, universellement célèbre, cet épouvantail mérite notre respect. Il semble avoir été placé près de la cime pour rappeler aux gens que l'Aneto est un vrai pic. Il arrête les faibles, il stimule les hésitants, il amuse les forts. Enfin, il y a au sommet un registre, j'entends un vieux cahier, et il n'est même pas nécessaire d'aller le quérir sur place, puisque, d'après un usage consacré, le guide, envoyé en

REVERS MÉRIDIONAL DE LA MALADETTA (3.312m)

LE TROU-DU-TORO (MONTS MAUDITS)

éclaireur, vient le soumettre à la signature du touriste, resté en deçà de la redoutable arête.

L'Aneto est resté un pic essentiellement luchonnais. Alors que d'autres montagnes moins élevées mais plus rapprochées de centres plus actifs, ont déchaîné des passions retentissantes, subi des assauts multipliés, provoqué l'éclosion d'une littérature spéciale, l'Aneto, entré tard dans l'histoire pyrénéiste, n'y joua jamais qu'un rôle effacé, indigne de son rang. Les premiers conquérants semblent n'avoir été ni des hardis montagnards, ni des bons écrivains. Ils n'ont pas apprécié la portée de leur effort, qu'ils dédaignèrent de détailler.

Gardons-nous de blâmer leur modestie. Admirons-la et regrettons qu'elle n'ait pas servi d'exemple à nos modernes virtuoses, passés maîtres dans l'art d'accommoder les restes. Ah ! les temps sont changés depuis cette époque héroïque; le pyrénéisme est devenu une carrière féconde en gloire facile, en honneurs, en maints avantages. Autrefois, on montait là-haut pour y être seul. Maintenant, on y monte pour être le premier et surtout — hélas ! — pour le raconter.

***

C'est en 1816, — quatorze ans après la conquête du Mont-Perdu par Ramond — qu'un naturaliste et géodésien, Henri Reboul, donna la prééminence générale de la chaîne « au sommet oriental des Monts-Maudits entouré de glaces inabordables et encore presque ignoré des observateurs ». Cette assertion imprévue, audacieuse, eut pour conséquence de transporter l'intérêt de Gavarnie à Luchon, en faisant passer le point culminant des Pyrénées du Mont-Perdu à l'Aneto.

L'année suivante, le 15 septembre 1817, Frédéric Parrot, accompagné du guide Pierre Barrau, de Luchon, s'attaquait à la Maladetta, laquelle, vue du port de Vénasque, semble dominer. Le lendemain, il atteignait sans encombre le sommet du pic, qu'il cote 3,309^{m}60 au lieu de 3,312 mètres. De là il reconnut parfaitement l'Aneto, qu'il cote 3,365 mètres au lieu de 3,404 mètres, comme étant le plus haut pic du massif et il en indiqua même le chemin, suivi de nos jours, par le Portillon et le glacier septentrional.

Désormais, l'élan était donné. En 1820, Reboul tenta directement l'ascension de l'Aneto,

par le lac de Barrancs et le plan des Aigouailluts. Il suffit d'avoir soi-même emprunté cet itinéraire, rarement employé en raison de sa longueur, pour apprécier l'audace de cette tentative.

Le 11 août 1824, le guide Barrau, qui avait
pris part aux expéditions précédentes et qui ac-
compagnait, ce jour-là, deux jeunes élèves ingénieurs, MM. Blavier et de Billy, disparut, n'ayant
pas voulu s'encorder, dans la grande crevasse,
toujours ouverte en été, de la Maladetta. La
montagne n'a jamais rendu son corps. Cette fin
tragique eut un retentissement considérable. Il
n'est pas un indigène qui ne vous la raconte en
détail, après boire. Et si vous marquez quelque
étonnement : « Dans les Alpes, dira votre homme,
ils sont accoutumés aux accidents (soun accous-
tumats). Mais un Pyrénéen, un Luchonnais ! »

La mort de Barrau semble avoir jeté un froid
autour des Monts-Maudits. Plus souvent qu'on
irait risquer sa peau en une telle aventure,
alors qu'il est si doux de se laisser vivre au
soleil ! Et c'est seulement dix-huit ans après que
se place la tentative suivante : un triomphe.

Le 18 juillet 1842, MM. de Franqueville et de
Tchihatcheff accompagnés de quatre guides,
Jean Argarot, Pierre Redonnet dit *Nate*, Ber-
nard Ursule et Sanio (ce dernier de Luz), s'en

allèrent coucher près du gouffre de Turmo,
dans le rocher en surplomb où devait s'élever
plus tard la fameuse — et fumeuse — cabane de
la Rencluse. Au point du jour, les guides
s'étant — avec une obstination qui nous paraît
incompréhensible aujourd'hui — refusé à la
traversée directe du glacier, pourtant sans danger à cette époque de l'année, la caravane
tourna subitement le dos au but et, se dirigeant
vers l'ouest, franchit la brèche d'Albe pour pénétrer dans la sauvage vallée de Grégonio. De
là elle dut remonter, gagner un autre col et
redescendit passer la nuit dans la vallée de Malibierne.

Le lendemain, deux heures de montée rude
dans le val d'Eroueil mirent les vaillants montagnards au bord du lac Corones — celui que
nous appelons aujourd'hui lac d'Eroueil — entre
le pic d'Aneto et le pic du Milieu, dont le sommet (3,354^m) dépasse de deux mètres celui du
Mont-Perdu. Après avoir atteint le col Coroné
(3,195^m), ils durent s'attacher à la corde pour
passer le Dôme. Enfin, ils criaient déjà victoire
quand surgit devant leurs regards inquiets un
obstacle imprévu qui désormais, grâce à leur
description, devait demeurer célèbre : « Nous
sommes séparés du pic d'Aneto par une arête
extrêmement aiguë. A droite, un abîme au fond

duquel se déroule le glacier de Coroné et les eaux noirâtres de son lac. A gauche, à une profondeur un peu moins grande, la partie orientale de l'Aneto s'abaisse par une pente des plus rapides. Pour comble de difficulté, le sommet de cette arête est encombré de fragments de granit désagrégés par la gelée ou disloqués par les coups de foudre, et très dangereux à cause de leur peu de stabilité. Ce *Pont-de-Mahomet* est pourtant la seule voie qui s'offe à nous pour arriver au but après lequel nous courons depuis si longtemps. Nous hésitâmes un instant... »

Telle est l'impression que produisit sur les premiers vainqueurs l'arête diabolique qui a tant contribué au prestige de l'Aneto. Sans doute le jeu des forces naturelles qui sévissent là-haut a dû, depuis lors, singulièrement modifier la structure de ce lieu dont les explorateurs, énervés par la fatigue d'une longue montée à travers les neiges, se sont exagéré à eux-mêmes l'importance. Actuellement, le Pont-de-Mahomet est une enfilade de gros rochers rugueux solidement encastrés dans une crête. On peut les piétiner, les empoigner, les étreindre en toute sécurité. Pas de danger qu'ils bougent où qu'ils vacillent. C'est par centaines qu'on rencontre, dans une seule journée d'escalades, de tels passages, et les saints du calendrier espagnol, pourtant si copieux, ne suffiraient pas pour les baptiser tous.

Quoi qu'il en soit, la caravane parvint au sommet. Là, nouvelle délibération. Les uns voulaient rejoindre la Rencluse par le glacier septentrional, « route la meilleure et la plus sûre ». Les autres s'y refusèrent énergiquement. Il fallut céder encore une fois. On redescendit au col Coroné, on contourna le lac Gregonio par le flanc nord, sur des talus de neige très inclinés, on franchit une brèche ouvertes entre le pic de la Maladetta et le pic d'Albe. Et le soir — après quels détours! — on atteignit la Rencluse, qu'on revit « avec grand plaisir »

Le quatrième jour, après une visite au Trou-du-Toro, rentrée triomphale à Luchon qui, à cette époque, s'intéressait aux choses de la montagne.

Deux ans après, le 22 août 1844, M. Lézat, future illustration pyrénéenne, accompagné de M. Augère et conduit par Redonnet, dit *Nate*, Bernard Ursule et Estrujo, parvinrent à la cime en deux jours : le premier, coucher à la Rencluse; le second, ascension et retour à Luchon. Ce sera la formule définitive de l'excursion, devenue classique aujourd'hui.

*
* *

Cette formule, malheureusement consacrée par une tradition que les indigènes ont eu le tort de laisser s'accréditer, présente le grave inconvénient d'imposer une fatigue excessive aux infortunés touristes qui s'embarquent sans préparation dans cette aventure. Car il ne faut pas oublier que si l'Aneto est d'un accès facile, il est haut, très haut, le plus haut — donc le plus éloigné — de tous. Partir de la Rencluse (2,025^m), monter au sommet (3,404), redescendre à la Rencluse, monter au sort de Vénasque (2,448^m) et rentrer à Luchon (629^m), tout cela en une journée, je vous affirme que c'est un travail terriblement maussade, et absorbant, et rude, et qui ne permet pas, même aux alpinistes exercés, le plaisir justement escompté, de la jouissance paisible et désintéressée.

Quelles satisfactions — hormis celle de l'amour-propre — peuvent rapporter de ces folles randonnées les infortunés qu'on tire, qu'on pousse, qu'on traîne, qu'on porte, qu'on gave, qu'on abreuve, sous prétexte de montrer à ces malheureux dont le cœur chavire, dont les tempes battent, dont les yeux se voilent, le plus haut pic des Pyrénées, la gloire de Luchon, le pic d'Aneto de la Maladetta, le Nethou?

Il me déplairait de passer pour un pédant ou un dénigreur. Je laisse aux cuistres de cabinet le triste soin de railler lourdement la beauté des montagnes, qu'ils ne sentent point. Mais je veux dire et répéter la vérité, protester contre cette tendance ridicule, néfaste, bien française, hélas, qui consiste à commencer par la fin, à s'attaquer du premier coup aux géants sans les connaître, au lieu de les aborder lentement, respectueusement, en dosant les peines, en échelonnant les efforts, par une méthode sage, habile, propre à mettre en état de bien voir, de bien sentir.

On ne force pas la nature, on la prend par le courage, par la ténacité, par la ruse; on la prend par l'amour. Certes il vaut mieux monter à l'Aneto que d'aller au café. Mais n'existe-il pas, aux environs immédiats de Luchon, des régions aussi intéressantes sinon davantage, aussi propres à fournir les émotions demandées? Les pics neigeux qui couronnent le cirque du Lis ou le port d'Oo n'appartiennent-ils pas aussi aux Pyrénées? Quelques mètres de plus ou de moins suffisent-ils à changer le caractère? Alors pourquoi suivre aveuglément les conseils de guides qui prêchent constamment pour leur

Aneto parce que c'est *leur pic*, parce qu'ils n'en ont pas à Gavarnie et à Cauterets, parce qu'ils le connaissent assez pour être à peu près sûrs de ne pas se perdre en cas de brouillard et parce que cette ascension, classique et haut cotée, leur rapporte, avec plus de gloire, plus de profit ?

Commencez donc par le commencement, entraînez-vous sur des distances plus courtes, familiarisez-vous avec la neige, avec le rocher, habituez-vous à marcher, à respirer, à vivre dans ces solitudes régies par des lois dures qui ne cèdent pas aux caprices des hommes. Alors vous aborderez sans crainte l'ancêtre, qui vous accueillera. Car l'Aneto, — sublime, gigantesque, vénérable, — doit être l'aboutissement, le couronnement, la consécration d'une saison sportive aux Pyrénées.

*
* *

D'ailleurs il est d'autres merveilles plus caractéristiques en ce vaste massif où se dressent les plus hautes pointes pyrénéennes. Eroueil, Estatats, Albe, la crête des Tempêtes, Malibierne, la Pique-Fourcanade, le pic Féchan, les Moulières, les Barrancs, voilà des régions pourvues de charme et de grandeur, où l'on peut circuler pendant des jours, des semaines sans rencontrer un être humain. Vénasque, capitale du Haut-Aragon — située à neuf heures de Luchon — est une ville éminemment curieuse, ardente, sombre, joyeuse, farouche. L'hospice de Viella, les villages de Senet et d'Aneto offrent des centres de ravitaillement suffisants pour permettre des séjours prolongés. Il vous plaira peut-être d'échanger quelques propos avec les carabiniers du roi, de voir danser sous les poutres enfumées la jota aragonese, d'entendre, après le tumulte des cascades et le frémissement du vent dans les branches, la voix grêle qui sort du ventre rond des mandolines.

Tout ici revêt un caractère âpre, personnel. Tels paysages, comme le Trou-du-Toro et le plan des Aigouailluts méritent d'être tenus pour des paradis, tant ils sont frais, ombreux, parés de mille fleurs délicates. On s'étonne de les trouver là, au pied même des géants qui les menacent. Et les éboulis poudreux de Malibierne, et les lacs, les pauvres petits lacs de Rio Bueno, est-il rien de plus sinistre, de plus désolé ? Et tout le reste que je ne puis même mentionner en ce livre, qui n'est pas un guide !

La configuration du pays prête à des combinaisons innombrables, dosées selon les ressources et les goûts de chacun. Les mulets aragonais, ayant accès dans le pays, peuvent y transporter le plus confortable matériel de campement. L'isard abonde sur les crêtes branlantes, la truite pique constamment le miroir uni des lacs immobiles, et l'œil du peintre s'exalte devant les murailles jaunes et rouges dont le drapeau espagnol consacre les couleurs jumelles. Bien des escalades — que facilitera l'importante hôtellerie dont la construction s'achève présentement à la Rencluse — peuvent tenter les grimpeurs en quête d'inédit, ou les touristes désireux de passer quelques jours dans la solitude.

Enfin, nulle contrée dans les Pyrénées n'est plus favorable à la vie nomade, à cette vie délicate et rude qui seule permet de connaître et d'aimer vraiment, dans tous les excès de sa douceur et de sa rage, la montagne charmante et cruelle.

LE CIRQUE DE GAVARNIE

Il est difficile d'apprécier sans parti pris les paysages célèbres. Ils s'imposent à l'admiration avec une force qui altère ou anéantit le jugement personnel. En cela, ils blessent les goûts d'indépendance par quoi se caractérisent et s'affirment les natures artistes habituées à voir et à sentir librement et portées à contredire l'opinion générale, bâtie sur des préjugés. On ne peut les contempler ni surtout les recréer en soi pour les décrire sans avoir nettoyé sa mémoire des lectures qui l'encombrent. Et le travail préliminaire de destruction répugne aux amateurs de sensations fraîches plus enclins à édifier qu'à démolir.

Le Cirque de Gavarnie possède un renom universel. Son image peuple les livres des écoliers. C'est à lui que les Pyrénées doivent de figurer dans les manuels scolaires et les encyclopédies à côté de la « mer de glace » et des « chutes du Niagara », autres merveilles du monde. Toute réserve concernant sa splendeur prendrait aussitôt l'allure d'un sacrilège.

Dans l'échelle du sublime, le cirque de Gavarnie détient le premier rang. Le seul moyen de lui payer un tribut d'hommages serait, à l'instar d'Hugo, d'entasser les mots magnifiques. Mais les plus grands ne sont que des cailloux à côté des vrais rocs monstrueux qui soutiennent ces assises de géants. Je me bornerai donc à fournir quelques précisions qui ne seront peut-être pas inutiles au visiteur.

★
★ ★

Ce qui caractérise cette région de cirques dont Gavarnie est le plus parfait mais non l'unique représentant, c'est que par son étrangeté, sa personnalité, elle ne semble pas appartenir aux Pyrénées. Elle paraît avoir été façonnée sur place, plus soigneusement, avec un calcaire neuf, apporté d'ailleurs. Au milieu de ces montagnes granitiques, sauvages, bouleversées, caduques, chancelantes, usées par la vieillesse et ruinées par la foudre, Gavarnie — comme Trumouse, Estaubé, Cotatuero, Barrosa — est un ouvrage solide, poli, travaillé, qui se suffit à soi-même. Une volonté d'arrangement, absente dans le reste de la chaîne, a dirigé la construction de ces vastes gradins réguliers, de ces tours massives disposées avec art sur les crêtes de ces murailles luisantes où s'inscrivent en arabesques des ligne courbes au dessin élégant ; c'est à dessein que ces glaciers carrés ont été placés sur chacune des marches, à dessein que bondissent de l'une à l'autre, dans une poussière d'écume les treize cascades dont la principale plonge dans l'abîme à 422 mètres de profondeur.

Comme ensemble, comme « morceau », Gavarnie efface tout dans les Pyrénées.

A côté d'un paysage aussi démesuré, les maisons des hommes ne peuvent subsister qu'à la condition de se faire bien petites, bien humbles. Une station brillante comme Luchon ou Cauterets étoufferait entre ses sombres murs. Aussi Gavarnie est-il demeuré, en dépit d'une clientèle sans cesse accrue, un modeste village à peu près abandonné en hiver. Ce village au nom si grand s'apparente aux stations élevées de la Suisse et du Dauphiné. Il ne vit que par la montagne. Hormis quelques fanatiques qui y prennent régulièrement leurs quartiers d'été dans l'espoir de renouveler des exploits anciens ou d'en perpétuer d'inédits — aussitôt livrés à la publicité, — la foule venue des environs n'y séjourne que le temps nécessaire pour visiter le cirque avant de regagner, le soir, des pénates plus brillantes. Nul curieux, riche ou pauvre, n'oserait se dispenser d'un tel pèlerinage. Et le spectacle est amusant de toutes ces carrioles charriant un public cosmopolite et gravissant avec une sage lenteur la route balayée par la poussière des automobiles trépidantes.

Gavarnie n'est pas cependant pour tous un lieu de passage. C'est à proprement parler le dernier foyer de cet art subtil et passionnant, si en honneur autrefois : le pyrénéisme. L'amour fervent de la montagne, chassé des villes d'eaux

à la mode, s'est réfugié dans ce lieu d'élection
où il se développe comme dans sa vraie patrie.
Gavarnie est une manière de Conservatoire,
d'Académie, que perpétue la tradition, consacre
les gloires, vérifie les états de services, forme
des générations de guides. Dans la foule
bruyante et indisciplinée des pyrénéistes, les
« Gavarnistes » — s'il est permis de risquer ce
mot — forment un clan fermé, sérieux, irréductible, dogmatique, très « sport ». Sévères pour
les autres et pour eux-mêmes, ces maîtres qu'une
longue expérience a rendus sceptiques, accueillent ironiquement les récits entachés de men-
songes et forcent à de lointaines escapades les
chercheurs d'inédit avides surtout de se mettre
en valeur. Le reste des Pyrénées, dont ils ne
méconnaissent pas l'intérêt, leur apparaît une
annexe de ce cirque prodigieux qu'ils aiment
d'un amour exclusif. Et si, de loin en loin, ils se
décident à quelque expédition hasardeuse en
territoire peu connu — aux Monts-Maudits ou
aux Posets par exemple — c'est plutôt pour
tenter l'escalade, dangereuse mais brève, d'un
piton négligé que pour explorer à fond et révéler une région.

Les Gavarnistes sont des virtuoses, des alpinistes selon le rite anglais. Ils ont plus de
vitesse que d'endurance, plus d'agilité que de

force, plus de bravoure que de sang-froid. Le cirque leur appartient, car c'est là qu'ils trouvent le meilleur emploi de leurs facultés brillantes qui résistent difficilement aux terribles fatigues des longues tournées en haute montagne où excelle la résignation jamais entamée des durs, solides et rudes montagnards.

Ils ont d'ailleurs, ces apôtres qui travaillent si utilement pour la gloire des Pyrénées, de quoi occuper, ici, leurs loisirs d'été : le Marboré, le Cylindre, l'Astazou, le Mont-Perdu, et les moindres cailloux ont une histoire.

*
* *

La plus belle de toutes, véridique et non légendaire, est celle du Mont-Perdu. Il n'occupe dans la hiérarchie pyrénéenne que le troisième rang. Et pourtant il passe en célébrité l'Aneto de la Maladetta et les Posets qui le dominent par la taille, l'importance et peut-être même la splendeur. Cette gloire, vieille de plus d'un siècle et dont le reflet persiste encore, il ne la doit pas à lui-même. Il la doit à un écrivain fort estimé en son temps qui consacra quinze années d'une vie d'ailleurs bien remplie à le conquérir et à le chanter et qui trouva dans la consécration de la postérité la récompense méritée par sa généreuse obstination.

Ramond de Carbonnières — que les pyrénéistes appellent non sans malice l'illustre Ramond — est l'homme du Mont-Perdu, comme Saussure est l'homme du Mont-Blanc. Dès son arrivée dans les Pyrénées, il n'a vu, senti, deviné, désiré que lui ; et si dans un moment de découragement, il s'est attaqué à la Maladetta qu'il croyait à tort, comme ses contemporains, le point culminant des Monts-Maudits, il est revenu, confus et repentant, à la montagne chérie entre toutes qui devait lui inspirer des pages dont l'enflure surannée nous fournit de si précieux renseignements sur la mentalité d'une époque où le sentiment de la nature s'exprimait avec une si respectable emphase.

L'histoire du Mont-Perdu, c'est l'histoire de Ramond. Elle constitue à proprement parler l'acte de naissance des Pyrénées. Elle vaut d'être contée.

Dès le début, un ardent enthousiasme soulève le néophyte. « Amené dans les Pyrénées par des motifs étrangers à l'étude des montagnes, écrit-il en sa préface, et dépourvu d'ailleurs de tout ce qui peut assurer le succès d'un voyage d'observation, je ne pus me voir au sein de ces monts fameux sans former le projet d'en visiter au moins une partie ». De Barèges, où il se trouvait en 1787 avec le cardinal de Rohan, il accomplit au Pic-du-Midi une première ascension destinée à lui procurer une vue d'ensemble de la chaîne, où il doutait de trouver de la « vraie glace » comme en Suisse. Cet observatoire unique, que la science devait plus tard conquérir et aménager, lui révéla le massif calcaire, les crêtes neigeuses du pic Long, du Néouvielle, de la Munia, et trônant au bout de l'horizon, très loin, un dôme étincelant : le Mont-Perdu.

Gagné par le premier accès d'une fièvre qui ne se calma qu'au lendemain du triomphe — quinze ans après — Ramond s'en fut à Gavarnie, monta aux Sarradets, gagna la Brèche-de-Roland, et aussitôt dégrisé s'aperçut qu'il avait fait fausse route et qu'il tournait le dos au pic ardemment convoité. Ici se place la fugue à Luchon, la vaine tentative contre la Maladetta — que le docteur Parrot devait atteindre en 1817 — et le retour piteux au Cirque, définitivement adopté comme quartier général.

Les années suivantes furent employées à des travaux d'approche dont la lenteur nous semblerait ridicule si nous ne considérions la difficulté d'entraîner vers les sommets, tant redoutés alors, des paysans superstitieux, craintifs et mal outillés. En 1792, Ramond explora le port de Boucharo ouvert à l'ouest du Cirque et pourvu aujourd'hui d'un excellent chemin muletier, très fréquenté à l'époque des foires. En 1793, la guerre avec l'Espagne suspendit les opérations. En 1795, il eut la mauvaise fortune d'être arrêté à Gèdre et emprisonné à Tarbes. Enfin, en 1796, un décret le nommait professeur d'histoire naturelle à l'Ecole Centrale des Hautes-Pyrénées.

Désormais, il était fixé dans le pays de son choix.

La première grande expédition, accomplie le 11 août 1797 en compagnie du naturaliste toulousain Picot de Lapeyrouse et des guides Laurens et Mouné, fut une demi-victoire. On avait reconnu la nécessité d'aborder le pic par le versant nord — par le cirque d'Estaubé et la brèche de Tuquerouye — ce qui est la voie naturelle, adoptée depuis. On attaqua le couloir de glace — que Ramond devait illustrer par une description restée classique — on atteignit à midi le sommet de la brèche d'où l'on découvre en toute sa splendeur la belle montagne. Aucun doute n'était plus permis sur la ligne d'ascension qu'on pouvait repérer de bout en bout.

Mais, à cette époque, on professait à l'égard de la neige une religieuse terreur, on ne disposait ni de cordes, ni de piolet — ni surtout d'expérience — pour affronter les glaciers perfides, couturés de crevasses. Et puis il était trop tard, on ne se sentait pas en état. On préféra redescendre. Et la petite troupe, qui n'était qu'à trois heures du sommet, quitta précipitamment ces lieux inhospitaliers, constamment balayés par la tourmente, où un siècle après le Club Alpin devait construire un refuge, lequel est le plus fréquenté des Pyrénées.

L'élan était donné, cependant il fallait vaincre à tout prix. Le 7 septembre de la même année, une nouvelle caravane se formait sous la conduite du guide Rondo, de Gèdre. On franchit encore la fameuse brèche. Mais les mêmes appréhensions commandèrent la retraite.

Il était dit pourtant que le vaillant marcheur, mal servi par un personnel indifférent et peureux, triompherait des obstacles et devrait la victoire à un chemin détourné. Le 2 août 1802 il quittait Barèges, parcourait la vallée d'Estaubé, franchissait le port de Pinède, descendait dans la profonde vallée de Bielsa, remontait vers le col de Niscle et passait la nuit dans une cabane de bergers, située au-dessous des terrasses du Mont-Perdu.

Ici plus de glaciers, plus de crevasses. Aussi le lendemain, après quelques heures de marche facile dans les éboulis, il avait la surprise et la joie de fouler la cime convoitée et de voir « toutes les Pyrénées sous ses pieds ».

Du sommet, il reconnut la célèbre vallée d'Ordesa, creusée à la base même du pic et qui rappelle, par sa formation régulière, les canòns du Pérou. Il n'osa risquer la descente de ce côté, ignorant qu'elle ne présente aucun danger. Il avait voulu conquérir le Mont-Perdu, il l'avait conquis.

Désormais, le charme était rompu. Le 26 août 1805, Charles de Béranger, après avoir couché à la Brèche-de-Roland, monta au Mont-Perdu par les Échelles de Gaulis et regagna Gavarnie par les corniches méridionales du cirque et les Sarradets. Aujourd'hui l'escalade peut s'accomplir en un seul jour, par le versant nord qui effraya tant Ramond.

Il ne faut pas railler les hésitations de ce savant qui vivait à une époque où les montagnes inspiraient une crainte superstitieuse. Il a écrit la langue de son temps boursouflée, superficielle et littéraire. Ses livres, qui ne piquent que la curiosité des érudits, sont oubliés. Sa mémoire mérite de ne point périr, d'autant plus qu'elle ne gêne personne. En 1875, elle a été consacrée officiellement. Le pic voisin du Mont-Perdu, qui dresse jusqu'à 3,248 mètres sa sombre pyramide, s'appelle le Soum-de-Ramond. C'est un fort beau piédestal.

LE PIC-DU-MIDI.

Le Pic-du-Midi évoque à ma mémoire les plus anciens souvenirs d'une enfance rêveuse tournée dès son aurore vers la contemplation de la nature. Mon frère Marcel était alors un joli petit garçon silencieux et grave, au teint clair, aux boucles blondes, aux grands yeux bleus. Il redoutait mes taquineries d'aîné boudeur et fantasque, mon regard sombre, mon front têtu sous le toit de chaume d'une chevelure en broussaille. Car j'étais noir comme un grillon, et l'on m'appelait, tant j'étais vif, l'Ouragan.

Pourtant on s'aimait bien, et lorsque, tapis tous deux au fond du landau qui nous menait à Bigorre, nous regardions avec une terreur amusée les neiges du port d'Oo, nous ne savions pas qu'un jour le petit garçon timide, devenu un beau jeune homme fort, en redescendrait le crâne fracassé, porté sur une civière par six paysans vêtus de bure.

Mais si la haute montagne est parfois hostile à l'attaque du marcheur isolé qui exerce son énergie contre son apparente indifférence, elle est douce au savant circonspect qui, pour en étudier les phénomènes, sait s'y créer un gîte.

La situation privilégiée du Pic-du-Midi placé en sentinelle devant les rangs compacts des Pyrénées, le désigna de tout temps à l'attention. Les contemporains de Froissart, séjournant en « cette bonne et grosse ville fermée qui avait nom de Baignières », admiraient déjà sa masse imposante, et les détails qui accompagnent son nom sur les cartes du xvie et du xviie siècle pieusement conservées par l'ingénieur Vaussenat prouvent combien il était alors visité.

Un des plus brillants poètes de la Pléiade, Guillaume Saluste, sire du Bartas, ami et rival du grand Ronsard, fit vibrer en son honneur les cordes sonores de sa lyre. Bernard Palissy, durant son séjour à Tarbes, reconnut son importance. Mais c'est l'astronome Plantade, de Montpellier, qui le premier utilisa le Pic du Midi pour des recherches scientifiques. Il y vécut, il y travailla. Quand la mort vint le surprendre au milieu d'une observation, alors qu'il tenait son sextant entre ses doigts crispés, il murmura ces simples paroles, consignées dans les archives de Campan : « Ah ! que tout ceci est beau ! »

Les plus anciens travaux relatifs à cette montagne que le génie de l'homme devait conquérir, datent de 1775. Ils sont dus à la collaboration des illustres physiciens Monge et Darcet. Le « Discours en forme de dessertation sur l'état actuel des Pyrénées et sur les causes de leur dégradation » fut lu le 11 décembre 1775, par Darcet, à l'inauguration des cours de chimie qu'il professait au Collège de France. C'est le premier discours académique prononcé en langue française dans cette sévère enceinte, le latin ayant été réservé, jusqu'alors, à ces exercices oratoires.

Deux physiciens de l'académie de Toulouse, Vidal et Reboul, qui avaient entrepris de fixer mathématiquement l'altitude des principaux sommets pyrénéens, exécutèrent, en 1787, le nivellement des pics et passèrent plusieurs nuits au sommet, dans une cabane dont on a retrouvé les fondations, en 1894. Cependant Darcet, profitant de ses relations avec le ministre Turgot et le duc d'Orléans — plus tard Philippe-Égalité — avait obtenu un subside de 80,000 livres, et l'observatoire eût été construit à cette époque si la Révolution n'était venue ruiner ce projet que le manque de ressources devait ajourner à près d'un siècle.

Dans la suite, les savants affluèrent. Ramond, qui s'illustra en 1802 par la conquête du Mont-Perdu, exécuta au Pic-du-Midi ses études d'histoire naturelle et ses travaux sur les mesures barométriques. Mirbel et Dufour usèrent pareillement de cette station incomparable où le colonel Peytier, célèbre par ses campagnes de triangulation au Balaïtous et à la Tusse de Maupas, séjourna pendant plus de quinze jours, laissant un signal géodésique que le vandalisme des visiteurs acheva de ruiner en 1859.

En 1854, la construction d'une hôtellerie au col de Sencours, due à l'initiative du docteur Costallat, de Bigorre, vint ranimer les espoirs. La société Ramond, fondée en 1866 — huit ans avant le Club Alpin — s'employait de son mieux à la réalisation de l'œuvre tant différée, lorsque survint la tourmente de 1870. Mais dans les années de recueillement qui suivirent nos désastres, chacun avait ressenti l'impérieuse nécessité de reconstituer, de défendre le patrimoine national. Et l'observatoire du Pic-du-Midi fut une des premières manifestations du réveil.

Un spécialiste familiarisé de longue date avec les travaux en haute montagne, l'ingénieur Vaussenat, reprit en 1872 l'idée à son compte, aidé par les conseils du savant Sainte-Claire-Deville. Un homme chevaleresque et généreux, le général Champion de Nansouty, mit à sa disposition les loisirs forcés que lui imposaient une retraite prématurée. Le 4 avril 1873, dans une séance du congrès scientifique de France, tenu à Pau, un pressant appel fut adressé aux ministres compétents, aux conseils généraux et aux municipalités pyrénéennes. Malgré l'insuffisance des souscriptions recueillies, les deux hardis novateurs se mirent à l'ouvrage, comptant sur le succès pour déterminar un de de ces mouvements d'opinion qui, en notre pays si prompt à l'enthousiasme, triomphent de tous les obstacles.

La première campagne, commencée le 1er avril 1873, se prolongea sans interruption pendant soixante-dix jours. Il s'agissait d'installer au plus tôt les services d'observation pour prouver l'utilité de l'entreprise et provoquer les nouveaux concours, indispensables. Ces concours ne vinrent pas et les deux hommes, qui espéraient terminer en trois ans cette œuvre d'intérêt public, se retrouvèrent — seuls — après huit années de labeur acharné. Le général de Nansouty passa sept années consécutifs auprès de son collaborateur, là-haut, sur la neige, sacrifiant son repos, ses relations, sa fortune, à ce formidable travail. C'est lui qui par son autorité, sa bonhomie rude, sa belle humeur juvénile, maintint dans les rangs de la petite troupe, souvent découragée, l'entrain, l'espoir et la foi.

Il fut le cœur de l'audacieuse entreprise, dont l'ingénieur Vaussenat fut l'esprit.

*
* *

L'observatoire, construit sur la crête, à quelques mètres au-dessous de la plate-forme du sommet, trop étroite pour le recevoir, est solidement encastré dans le roc et fait corps avec lui. Complètement voûté, il est à l'abri des formidables secousses qui ébranlent la cime, les jours d'ouragan. L'épaisseur des murailles est, au rez-de-chaussée, de 1^{m}15, de 0^{m}80 à l'étage supérieur ; toutes les ouvertures et saillies sont formées d'une pierre de taille, prise sur place et appartenant aux calcaires de transition. Le sable pour la maçonnerie a été fourni par le déversoir du lac d'Oncet (2,238^m) situé au fond de la vallée.

La construction de la toiture exigea de longues recherches. Il fallait, toute question de prix mise à part, trouver un système qui permît par son adhérence de résister à des coups de vent dont la force de propulsion atteint jusqu'à 250 kilogrammes par mètre carré et assez imperméable pour ne pas emmagasiner de l'eau qui, avec les gelées, provoquerait l'éclatement des voûtes. Il fallait aussi employer des matériaux pouvant résister dans leur constitution intime et dans leur liaison à des températures variant de + 60° (température de la chaleur emmagasinée en été) à — 40° et — 45° (température minima observée pendant l'hiver 1874-1875), soit un écart de plus de 100 degrés.

Ce problème a été résolu du premier coup, malgré les ressources minimes dont on disposait. Au sud, la toiture est constituée par des tuiles vitrifiées noyées à bain de mortier sur l'extrados de la voûte. Au nord, elle est formée de schistes ardoisiés parfaitement agrafés. Le couvert mis en place a coûté 10,000 francs. L'observatoire, qui appartient à l'Etat depuis 1882, a une façade longue de vingt-six mètres. Vingt paratonnerres le protègent contre la foudre. Un câble souterrain de 1,100 mètres les met en contact avec le lac d'Oncet. Une pareille installation écarte tout danger de déflagration. D'ailleurs, pour éviter les chocs en retour, les pieds des meubles, des tables, des chaises et des lits sont montés sur des godets isolateurs en porcelaine ou en verre.

L'observatoire, pourvu, naturellement, des appareils enregistreurs les plus perfectionnés, scrupuleusement vérifiés et contrôlés, est relié à Bigorre par le télégraphe et le téléphone. Un personnel actif et dévoué qui ne redoute pas la tristesse et la monotonie d'un long hivernage s'y tient en permanence, exécutant quarante-huit observations par jour, en cinq séries. On imagine avec peine, même quand on a couru la montagne pendant vingt ans, ce que doit être la vie de ces braves gens perdus là-haut sur leur petite plate-forme au milieu des neiges. Ils travaillent, ils veillent. L'observatoire est comme un phare planté sur la crête d'une vague dans l'océan des monts. Son altitude et surtout son isolement lui permettant de dominer sept fois sur dix les nuages orageux, il voit tout, il entend tout, il calcule, il enregistre, il note. En 1875, lors des terribles inondations qui désolèrent les vallées de la Garonne et de l'Adour, il put avertir les gens de la plaine avec une avance de vingt-quatre heures sur les observatoires de Tarbes, et de quarante-huit heures sur les observatoires de Paris. Il a sauvé ainsi des milliers d'existences. Il a rendu, il rend, il rendra des services inappréciables non seulement aux savants mais encore aux populations laborieuses qui peinent en bas et qui ont besoin d'être défendues contre leur propre imprévoyance.

Il est une œuvre éminemment nationale. Conçu et exécuté par deux hommes, il est devenu une œuvre d'intérêt public dont le rôle augmente de jour en jour. Le Pic-du-Midi, accessible à cheval — de Bigorre — n'offre pas aux montagnards l'occasion d'employer leurs forces et d'exercer leur maîtrise. Ils écartent de leur programme, déjà si chargé, le géant débonnaire qui s'est laissé vaincre.

Mais le public, qui ne recherche pas les mêmes émotions associe dans un commun hommage les noms de Nansouty et de Vaussenat qui méritent de figurer dans le meilleur coin de sa mémoire.

LE VIGNEMALE

Si les montagnes étaient, comme la plupart d'entre nous, sensibles à la vaine fumée de la gloire, le Vignemale remercierait la Providence d'avoir placé Cauterets à ses pieds. Il doit à ce voisinage bienheureux d'être, avec le Mont-Perdu, le pic pyrénéen le plus en faveur auprès de la foule. Et il justifie pleinement, par sa magnificence, une vogue déjà ancienne, qui ne s'est pas démentie malgré les caprices de la mode.

Vogue traditionnelle, consacrée par des personnalités illustres, chantée par des poètes. L'an 1803 — pour ne citer que le plus ancien —

le sieur Fabas, inspecteur des bains de Saint-Sauveur, lui adressait un poème enthousiaste inspiré par le passage de S. M. la reine de Hollande, épouse de Louis Bonaparte. Une strophe, citée au hasard, en montrera l'esprit :

Roi des monts! Despote intraitable,
Toi qui domines dans les airs,
Toi dont le trône inabordable
Appelle et fixe les éclairs!
Fier Vignemale, en vain ta cime
S'entoure d'un affreux abîme
De neige et de débris pierreux :
Une nouvelle Bérénice,
Ose, à côté du précipice,
Gravir sur ton front sourcilleux!

Le Vignemale, insensible à un tel lyrisme, devait céder, comme les autres. Son altitude, son importance, sa proximité de Cauterets et de Gavarnie, le désignaient depuis longtemps à l'attention. Les érudits discutent encore, cependant, sur le nom de ses vainqueurs. Un contemporain notoire de la période romantique, M. de Chausenque, attribue le mérite de la première ascension à deux Anglaises, lady Lister et une de ses amies, qui, parties le 6 avril 1838 en habit d'homme, atteignirent la cime après avoir montré « un courage superlatif pour des femmes ». La seconde ascension date du 12 août de la même année. Elle a été racontée, avec une verve élégante, dans la *Revue des Deux Mondes,* par le prince de la Moskowa qui l'accomplit, non sans peine, en compagnie de son frère Edgar Ney, de son domestique David, des guides Gazas et Guillembert, de Gèdre; Vincent, de Luz; Baptiste Barcillas, de Gavarnie; Jean-Marie, de Saint-Sauveur. Des cartes, retrouvées au sommet, attestent cet exploit exécuté négligemment au coure d'une battue à l'isard.

Un parrainage aussi illustre devait conférer au Vignemale un prestige qui manque à la plupart des grands sommets pyrénéens, emportés sans éclat par des touristes trop — ou trop peu — bavards. En outre, il possède tous les attraits de nature à retenir le visiteur. Il est original, personnel, complet significatif.

Les quatre pointes qui le composent : la Pique-Longue (3,298ᵐ), le Cerbillonas (3,246ᵐ), le Montferrat (3,223ᵐ), le Petit-Vignemale (3,205ᵐ), forment un imposant massif dominant les alentours. Le glacier d'Ossoue, justement célèbre, peut-être tenu sinon pour le plus grand, du moins pour le plus impressionnant des Pyrénées. Il est le seul qui, par sa structure verticale, ses innombrables, profondes crevasses et béantes, rappelle les glaciers des Alpes. C'est un véritable fleuve de glace qui, long de trois kilomètres, descend sur Garvarnie, majestueux et calme au début, creusé à sa base de vagues miroitantes, pareilles aux lames d'une mer démontée.

L'ascension, qui s'accomplit aller et retour, en quinze heures, ne vaut pas d'être contée. Facile, répérée de bout en bout, elle est devenue, depuis la construction d'un refuge à la Hourquette d'Ossoue, la course classique par excellence. Inauguré le 25 août 1900, ledit refuge, dû à la collaboration de la section du Sud-Ouest et de la section de Pau du Club Alpin Français, a reçu, la première année, la visite de 152 touristes et de 82 guides, et cela malgré la concurrence, néfaste aux stations balnéaires, de l'Exposition universelle. Ces chiffres, plus éloquents que des discours, prouvent combien le public est curieux de la haute montagne quand les indigènes savent lui en ouvrir la voie.

Du refuge, accessible à cheval et abondamment pourvu de vivres, trois heures suffisent pour atteindre le sommet en traversant le glacier ou en suivant l'arête du Montferrat selon l'état de la neige. L'escalade du cône terminal dure vingt minutes à peine. Le Vignemale est également abordable de Gavarnie. Il doit sa célébrité à cette situation privilégiée entre les deux centres les plus importants — quant au sport — des Pyrénées.

Il la doit aussi — il la doit surtout — à un homme, un grand homme de bien, dont le nom universellement respecté demeure indissolublement lié à la cause pyrénéenne : le comte Henry Russell.

J'ai connu, depuis mon enfance, cet apôtre en qui chacun de nous salue un maître. Je ne retracerai pas là sa longue carrière de montagnard commencée en 1858, à l'époque où la haute montagne était considérée par les montagnards eux-mêmes comme une terre maudite.

Je me bornerai à vous expliquer pourquoi cet infatigable explorateur devint sur le tard propriétaire — oui propriétaire — du Vignemale (200 hectares tout en glaciers, crevasses, éboulis, rochers, entourés de gouffres et de précipices, exposés aux avalanches et aux tourmentes de neige, panorama splendide sur la France et l'Espagne, eau de source, pas de voisins), et vous comprendrez le vrai caractère de cette attachante figure romantique.

Après avoir employé sa jeunesse fougueuse à parcourir et à explorer les Pyrénées, alors complètement inconnues, le comte Russell résolut d'adopter une montagne et de l'aménager en

vue d'épargner à ses successeurs les peines et
les fatigues dont il avait tant souffert lui-même.
Le Vignemale lui paraissant réunir les conditions désirées, il se mit en mesure d'étudier son
projet, dont la réalisation devait se faire attendre
neuf ans.

Le 26 août 1880, accompagné des guides
Haurine et Brioul, de Gavarnie, il alla coucher
au sommet de la Pique-Longue, dans son sac
en peau d'agneau qui ne le quittait jamais. Le
brouillard le força de battre en retraite. Deux
nouveaux échecs, le 5 août et le 6 septembre 1881,
ne le découragèrent pas.

Le 17 août de l'année suivante, le comte Russell possédait une grotte de 16 mètres cubes,
fermée par un mur épais et une porte de tôle, à
3,200 mètres d'altitude. Bien qu'il gelât au
dehors, le thermomètre, au cours de la première
nuit, se maintint à 7°. Le Vignemale était conquis.

Cependant les touristes, attirés par la curiosité, commençaient d'affluer, menaçant d'enva-
hir la demeure de « l'ermite ». Il fallut, pour
recevoir dignement ces nouveaux hôtes — qui
s'invitaient eux-mêmes — creuser une seconde
grotte, dite « des Guides ». En 1886, s'ouvrait la
grotte des Dames, la plus petite, mais la plus
confortable de toutes. Heureuse précaution, car

le glacier montant sans cesse devait peu à peu
obstruer les premières.

Renonçant à s'établir si près de la cime, dans
cette mer mouvante de glaces, il descendit à la
base du grand glacier d'Ossoue et fora deux
nouvelles cavernes qu'il baptisa « Bellevue », à
l'attitude relativement modeste de 2,400 mètres.
Mais repris bientôt par la nostalgie des hauteurs, malgré l'agrément et la sécurité du gîte
où huit personnes peuvent coucher à l'aise, il
eut l'idée, audacieuse entre toutes, de creuser
un abri dans la muraille même de la Pique-
Longue, à vingt mètres du sommet. On devine
les difficultés d'une telle entreprise. Elle nécessita
pendant dix années le travail de quatre hommes
qui passèrent quarante-deux nuits consécutives
dans une cabane en planches, à 3,280 mètres
d'altitude.

Telle est, résumée, l'histoire de sept grottes
aménagées en neuf ans par le comte Russell.

Alors le locataire pensa que ces divers travaux
lui donnaient quelque droit de se transformer en
propriétaire. Le 15 décembre 1888, il adressait
au préfet des Hautes-Pyrénées une lettre où il
sollicitait, pour une période de 99 ans, la
concession du glacier oriental du Vignemale,
d'une étendue totale de 200 hectares, dont le glacier couvre au moins la moitié. « Mon but, écri-

vait-il, est surtout une satisfaction d'amour-propre. Je voudrais me sentir le propriétaire d'une magnifique région où j'ai beaucoup vécu et travaillé. La concession du Haut-Vignemale est la seule récompense que j'aie jamais demandée, et c'est la seule que j'ambitionne pour tout ce que, depuis neuf ans, j'ai dépensé là-haut de temps, d'efforts et d'or... »

Le 22 février 1889, la commission syndicale de la vallée de Barèges accordait la concession. « La proposition, dit le compte rendu officiel, ne peut être qu'avantageuse pour les Pyrénées... L'assemblée vote à l'unanimité des remercîments à M. le comte Russell... Elle le prie de considérer la concession comme un témoignage de reconnaissance pour les services qu'il a rendus au pays. »

Depuis cette époque, le comte Russell, devenu l'ermite du Vignemale, accomplissait chaque été un pieux pèlerinage en son domaine. A Gavarnie, où son arrivée était attendue comme le signal de la saison sportive, les préparatifs de la campagne absorbaient les loisirs de toute la population. Car ce vieillard, mort à soixante-quinze ans, fut jusqu'à son dernier jour un voluptueux ami de la bonne chère. On vantait l'arome de ses havanes bien secs, de son moka, de son villaudric, dont cet Irlandais, né à Toulouse, faisait les honneurs avec entrain.

Le comte Russell était la plus grande figure du
Pyrénéisme, la seule qui rayonnât au dehors,
sur le monde. Le talent, l'âge, les services
rendus, la continuité d'une carrière restée mili-
tante en dépit des années, conféraient à ce
gentilhomme alerte et grandiloquent une incon-
testable autorité. On le consultait, on citait ses
mots, ses boutades. La cause pyrénéenne bénéficiait du prestige exercé par sa longue et paisible dictature, terminée en apothéose. A son
ombre, des scribes zélés et prétentieux se
taillaient, comme eût dit Hugo, des pourpoints
dans son manteau de roi. Il était, lui, l'ancêtre
vénéré, sensible aux hommages, un peu bénis-
seur. Cet olympien demeuré fidèle aux traditions
romantiques planait au-dessus des intrigues
comme l'aigle au-dessus des abîmes. Occupé à
regarder le soleil, il perdait de vue les choses
de la terre, qu'il jugeait mal, de trop loin, de
trop haut. Mais s'il respirait volontiers l'encens
des compliments, il lui préférait l'air pur des
cimes. Bon, affable avec tous par crainte de
déplaire, il savait reconnaître les siens. Les plus
avisés de ses disciples ont souvent deviné la
mélancolie qui perçait au travers de ses gais

propos. Cet homme d'action ne se consolait pas de vieillir.

Malgré les marques d'admiration qu'on lui prodiguait avec une exagération dont il n'était pas dupe, il se sentait dépaysé dans un monde qui place les satisfactions de l'amour-propre avant les joies intimes de la personnalité. Les nouvelles générations le déconcertaient par leur ardeur belliqueuse, leur besoin exaspéré de paraître, d'égaler, de surpasser. Aristocrate, comme tous les solitaires, il redoutait l'invasion de la foule dans le domaine dont il avait été le premier et dont il eût souhaité demeurer le seul visiteur. Cet indépendant, assez riche de santé, de loisirs et d'argent pour se suffire à soi-même, comprenait malaisément la nécessité des règles destinées à diriger, à contenir le zèle des néophytes amenés à la montagne par l'éloquence même de sa parole. Il détestait cordialement les groupes, les classes. Il se regimbait contre la discipline, la hiérarchie.

Il avait raison, à son point de vue, car il était né pour commander, non pour obéir. Il avait tort cependant : les règles sont nécessaires aux sociétés, surtout devant les forces hostiles de la nature. Le comte Russell était plein de partis pris. Ils constituaient sa force, sa raison d'être. C'est à eux qu'il devait sa personnalité charmante, un peu âpre, irréductible. Il était de la race de ceux qui affirment. Il affirmait toujours, bravement, avec une assurance tranquille et fougueuse, qui émouvait. Il s'est trompé parfois, et les jeunes n'ont pas manqué de signaler respectueusement et non sans un secret plaisir ses erreurs. Mais ceux-là seuls ne se trompent jamais qui calculent ou qui nient. A ce titre, le comte Russell, poète, ami des généralisations, est plutôt un apôtre qu'un éducateur. Il a découvert les Pyrénées, il les a chantées, il ne les a pas décrites. Il a laissé aux autres ce soin, d'ailleurs facile. Ce visionnaire n'est pas un guide.

Tant mieux ! Cette foi touchante, désintéressée, qui lui inspira des pages d'une si magnifique envolée, assigne au comte Russell une place à part, la première, parmi ceux que posséda le démon de peindre la montagne. Il était l'homme d'un autre âge ; il a grimpé, pensé, écrit selon le rite d'un autre âge. Un de ces livres, *Les Souvenirs d'un Montagnard,* mérite de rester dans nos bibliothèques, pas bien loin de Chateaubriand, comme le type d'une littérature un peu désuète évidemment, mais savoureuse. Et si nous, professionnels élevés à une plus dure école, sommes plus sensibles aux rythme des phrases, à leur harmonie, à leur netteté, si nous exigeons plus de précision, plus de goût dans le choix et l'arrangement des mots destinés à figurer l'idée, nous devons savoir lire entre les lignes et deviner, sous la forme parfois trop lâche, le sentiment toujours sincère et noble qui les anime.

Il faut d'ailleurs situer les œuvres avant de les apprécier. La haute montagne, à l'époque où le comte de Russell l'aborda, en 1858, était une terre inconnue, redoutée, maudite. Toute tentative ayant pour effet de violer les augustes solitudes, apparaissait une folie sacrilège. On devine l'éloquence que dut déployer l'apôtre pour vaincre les préjugés enracinés au cœur craintif des indigènes. Le fait seul de les avoir convertis, d'avoir initié les meilleurs d'entre eux à la pratique d'un sport qui devait plus tard assurer leur gagne-pain, constitue un triomphe plus éclatant et plus durable que la conquête, même ardue, de tel ou tel massif. Le vrai titre de gloire qui doit immortaliser le comte Russell réside dans cet infatigable et pieux apostolat. Il importe médiocrement qu'il ait, au cours de sa longue carrière, commis quelques fautes d'appréciation rectifiées avec une minutie hargneuse par des continuateurs mieux outillés et plus soucieux d'exactitude. Il a détruit la vieille légende d'horreur qui pesait sur le front des Pyrénées, il s'est engagé seul, ou avec des campagnons de rencontre dressés à la manière rude, sur les

routes désertes alors, élargies maintenant par le
passage des foules. Il a exagéré souvent. Mais
l'exagération est le mensonge des belles âmes.
C'est Balzac qui l'affirme. On peut le croire sur
parole. Henry Russell avait une belle âme.

J'ai beaucoup connu, beaucoup aimé ce charmant homme qui estimait notre foi sincère, un
peu ombrageuse, nos efforts pour révéler la
montagne. Il m'assista dans la plus cruelle
épreuve de ma vie, il accourut de Pau tout
exprès pour pleurer à mes côtés mon frère
Marcel. Henry Russell était un être exquis, fin,
nuancé. On garde sa mémoire, aux Pyrénées.

LES FORÊTS DES PYRÉNÉES

Les forêts des Pyrénées constituent un des
attraits les plus rares de ces montagnes charmantes et sérieuses. Mais ce n'est pas seulement
pour réjouir les regards que la nature a recouvert leurs flancs de ce tapis frissonnant, qui est
à la fois une arme et un ornement.

Plus vieilles que les Alpes, les Pyrénées doivent leur état de conservation relative à la
structure même des terrains primaires, plus
compacts, dont elles sont formées. Humide et
tempéré, le climat pyrénéen favorise singulière-

ment la végétation qui envahit les pentes les plus inclinées et y prospère sous la double action des vapeurs marines et du soleil méridional. Et les forêts devraient être les plus belles de l'Europe si l'obstination de l'homme ne venait sans cesse ouvrir des chemins nombreux à la fureur aveugle des avalanches.

Manifestement, la grande ère torrentielle est close aujourd'hui. Caduques, raisonnables, les Pyrénées ne bougent plus. Mais les cônes de déjection déposés à l'entrée de toutes les gorges prouvent qu'elles ont connu, à la fin de la période glaciaire, les grands cataclysmes. Et si l'on considère que, plus tard, les hommes se sont installés précisément là, sur les terrains plus meubles, plus favorables à la culture, on conviendra qu'ils se sont placés devant la gueule du monstre dont seules les forêts peuvent arrêter la rage.

Car les torrents se réveillent ici avec une rapidité foudroyante. La plupart se sont formés sous les yeux de la génération actuelle. Ainsi les torrents ariégeois du Castelet et de Verdun sont entrés en activité dans les journées du 22 et du 23 juin 1875. Deux orages éclatant à un mois d'intervalle, en 1885, ont fourni les ravins de Saurat et de Gestiès. Ce dernier demeure un des plus redoutables de la chaîne, menaçant constamment le village de Siguer, situé au pied du port du même nom (2,365ᵐ) et qui mène de France en Andorre. Dans le bassin de la Pique, le Laou d'Esbas arrachait, en une nuit d'avril 1875, plus de 6,000 mètres cubes de matériaux et les précipitait sur Luchon. En 1884, la vieille montagne ruinée de Péguère faillit s'abîmer sur Cauterets. Et le savant auteur à qui j'emprunte ces détails, le regretté M. de Gorsse, cite encore une foule d'exemples significatifs qui datent d'hier.

Ces dangers, perpétuellement suspendus sur la tête des habitants, sont généralement leur œuvre. S'ils s'étaient contentés des pâturages naturels et s'ils avaient considéré la forêt comme une sauvegarde placée par la nature tutélaire, les grands drames qui se jouent là-haut se seraient déroulés sans témoins et sans victimes.

Car, à ces altitudes, les agents atmosphériques — gel, dégel, pluie, neige, grêle — sévissent avec une folle intensité. Leur action est d'autant plus destructive qu'elle s'exerce sur des roches composées d'éléments divers, partant mieux disposées à la dislocation. Dissociées, fendues, ces roches éclatent, tantôt se décomposant sur place, tantôt s'abîmant au fond des gouffres, formant ces couloirs d'éboulis, ces chaos de pitons et de pyramides instables, ces

crêtes chancelantes qui rendent les ascensions
si pénibles et si périlleuses. Ce travail continu
et lent de destruction explique les ravages causés par les torrents issus des glaciers quand ils
pénètrent avec une vitesse accrue par la pente
dans les terrains de transport qui tapissent le
fond des vallées. Chargés de dépôts détritiques
qui, en augmentant leur densité, multiplient
leur puissance d'affouillement, ils éventrent les
terres meubles éminemment perméables qu'ils
entraînent à leur suite par les plaines dénudées
où s'arrête, trop tard, leur fureur calmée.

Et il aurait suffi d'une forêt pour couper net
leur élan et limiter leurs dégâts aux étages
supérieurs, inhabités !

Malgré la pratique funeste du déboisement,
plus acharnée ici que partout ailleurs, les Pyrénées conservent encore une riche parure. Les
six départements pyrénéens représentent une
zone montagneuse de 1,276,029 hectares. L'étendue des terrains boisés ou *censés boisés* est de
411,237 hectares, soit une proportion de 32.2 %.
Ce rapport est assez élevé si on le rapproche de
celui de 17.9 % qui exprime l'importance pro-
portionnelle des forêts pour la France entière;

mais il diminuerait notablement si l'on déduisait de la surface totale faussement attribuée aux forêts les vides intérieurs qu'elles renferment et tous les vacants domaniaux des hautes montagnes qui ne sont pas boisés. Le département le plus riche est l'Ariège avec 145,547 hectares, puis les Pyrénées - Orientales avec 69,779 hectares, les Basses - Pyrénées avec 63,797 hectares, les Hautes - Pyrénées avec 60,617 hectares, la Haute - Garonne avec 40,981 hectares, l'Aude avec 30,309 hectares. Les forêts se répartissent en forêts domaniales dans la proportion de 32 %, forêts communales (40 %) et forêts particulières (28 %). Ces dernières, d'origine abbatiale ou seigneuriale, diminuent de jour en jour, sauf dans l'Ariège et dans l'Aude. Quant au régime, elles comprennent 112,135 hectares de taillis et 198,300 hectares de futaies. Le reste, soit 100,802 hectares, est aujourd'hui complètement dénudé.

En déduisant de la superficie forestière totale les vides intérieurs et les vacants domaniaux, on obtient une étendue boisée de 310,435 hectares où l'on exploite annuellement environ 340,000 mètres cubes de bois d'œuvre ou de chauffage d'une valeur approximative de 2 millions de francs (produits principaux). Les produits secondaires, fournis presque entièrement

par les pâturages s'élèvent, d'après les calculs
de M. de Gorsse, à 1,200,000 francs. Le produit
annuel moyen des forêts pyrénéennes atteint
donc 3,200,000 francs, soit 10 fr. 30 par hectare.
Ce faible rendement est dû à des causes multiples : difficultés d'exploitation, insuffisance et
parfois manque absolu de moyens de transport,
éloignement des centres de consommation,
opposition souvent irréductible des communes
qui préfèrent se priver de coupes que de pâturages, délivrances usagères qui empêchent l'assiette de toute autre coupe dans les forêts domaniales où les cantonnements des droits d'usage
n'ont pas été opérés, crise aiguë traversée par le
commerce des bois due à la concurrence étrangère et à l'emploi de plus en plus généralisé de
la houille comme combustible et du fer comme
charpente, enfin faible consistance des peuple-
ments forestiers.

★
★ ★

Autrefois il n'en était pas ainsi. Grâce à leur
climat humide et chaud, les Pyrénées, aujour-
d'hui à demi dévastées, ont possédé une végétation luxuriante qui était en même temps une
parure, une source de revenus et une protec-

tion. Les témoignages historiques réunis par M. Henri Cavaillès, dans une savante étude, nous montrent que, jusqu'au xvi° siècle, la montagne était boisée comme la plaine. Gaston Phœbus courait le chevreuil et forçait l'ours dans les « forêts » de Pont-Long, actuellement qualifiées « landes ». A cette époque bienheureuse, les cours d'eau, non transformés en torrents par les débris solides arrachés aux pentes dénudées, étaient des véritables rivières, flottables dans leur cours supérieur, navigables dans leur cours moyen. Des arrêts du Parlement de Toulouse, des documents extraits des archives nationales, des marchés conclus avec des bateliers et des radeliers, attestent l'importance et la prospérité de la navigation sur le bassin de la Garonne et de l'Adour. C'est par cette voie qu'on acheminait vers Bordeaux les marbres de Sarrancolin et de Campan destinés au Louvre et à Trianon. L'Ariège, le Salat, la Neste étaient sillonnés de radeaux pesamment chargés.

Le xvii° siècle marqua le début de la dévastation qui devait, en dépouillant la montagne de son armature, exposer la plaine au perpétuel danger de l'inondation. Nous pouvons en suivre les origines et le développement dans les intéressants rapports de Louis de Froidour, Grand-Maître réformateur des Eaux et Forêts à l'époque de Colbert. Pendant sept années, cet administrateur diligent et énergique parcourut le Nebouzan, le Couserans, la Comminges, la Bigorre, organisant les maîtrises de Saint-Gaudens, de Quillan, de Pamiers, de Tarbes, et mettant tout en œuvre pour conjurer le mal dont il prévoyait les conséquences.

D'abord il dénonça les ravages causés par les pâtres. « Les hauteurs des montages, écrit-il, sont occupées par les bois qui appartiennent au roi, dont les communautés jouissent sous prétexte d'usage, et en ont abusé et abusent avec tel excès qu'il n'y a plus que de la brossaille. » Mais le digne protecteur des arbres avait compté sans l'obstination des populations soutenues par les seigneurs gênés dans l'exercice de leurs droits féodaux, et le Parlement de Toulouse ne cessa pas de casser régulièrement les arrêts du Grand-Maître, forcé d'en appeler au ministre pour mettre un terme à ce conflit de juridiction.

Puis, ce fut la lutte navale contre l'Angleterre et la Hollande. « Ces deux puissances ayant fait paroistre des flottes très-nombreuses et si terribles que jusques alors la mer n'avoit rien vu de semblable, le roy en prit une extrême jalousie. De sorte qu'autant que par le passé la marine de France avoit esté négligée, autant on s’appliqua à la relever... On mit de toutte part du monde en campagne dans le royaume pour les secours que Sa Majesté pouvoit en tirer. Seuil visita toutte la coste de l’Océan, depuis Brest jusques à l’embouchure de Garonne. Il remonta ensuite le long de la Garonne jusqu’à Saint-Béat et à droitte et à gauche visita tout ce qu’il y avoit de forests... M. Tubeuf fut en poste visiter la forest d’Aiguebonne, aux Basses-Pirénées, puis Quillan... »

Et l’hécatombe commença. D’un bout de la chaîne à l’autre, les plus beaux arbres succombèrent sous la hache. A Melles « village du Languedoc, du diocèse de Comminges », le roi avait traité avec un nommé Boisgion. « Il est chargé dans deux ans de rendre à son départ la rivière de Ger navigable, depuis sa source jusqu’à la rivière de Garonne, dans laquelle elle se jette, et de faire rendre sur le port du Hâvre et de Bourdeaux pendant ces deux années, la quantité de cinq cents matz de vaisseaux, dont le moindre doit avoir quatre-vingt piedz de longueur, tous bien choisis avec le moins de nœuds que faire se pourra, bien garnis au petit bout et couppez en bonne saison et bonne lune, et ces matz doivent lui estre payez... deux cent mil livres... Et pour la fourniture de tous ces matz, il lui est permis de prendre et faire coupper en saison propre, pendant dix années, tout le bois que bon lui semblera. »

Ce seul exemple, emprunté à un petit pays, suffit pour prouver le formidable appoint fourni, en ces heures troublées, par les Pyrénées. Mais de telles brèches auraient pu être réparées si, à côté de ces causes accidentelles, n'avaient existé de tout temps des causes permanentes dues au tempérament même de la population. « Le montagnard pyrénéen, écrit M. Cavaillès, s'est toujours considéré comme le seul maître de sa montagne. Protégé par ses rochers et ses gorges contre les gens de la plaine, il a réussi à maintenir, pendant des siècles son indépendance, qu'il a défendue avec une énergie farouche et superbe. Au moyen âge, la féodalité n'eut pas de prise sur les populations des régions hautes. Organisées dans chaque vallée en communautés démocratiques, elles se gouvernaient comme de véritables républiques. En Béarn, les trois vallées d'Ossau, d'Aspe et de Barétous avaient chacune son *for*, c'est-à-dire sa charte de libertés rédigée au xiiie siècle, mais fixée deux cents ans plus tôt. Ces actes, entre autres droits, leur reconnaissaient la libre disposition de leurs pâturages. Elles les administraient à leur guise, concluaient même, sans le secours du vicomte, des traités avec les communautés voisines de l'Aragon ou de la Navarre. Plus tard, soumises à l'uniformité monarchique, elles gardèrent des privilèges importants. Aujourd'hui enfin, les communes de la vallée d'Ossau sont groupées en syndicat, sorte de conseil cantonal qui perçoit les droits de pacage, administre les pâturages particuliers des communes et les biens indivis de la vallée. Ainsi se sont enracinées dans les âmes des habitudes séculaires. »

Les paysans d'aujourd'hui s'obstinent, malgré tant de cruelles expériences, à leur demeurer fidèles. Ils sont bien — ou plutôt mal — placés pour savoir ce qu'il en coûte de renoncer à l'abri naturel de la forêt. Les vieux savent que la crue de 1856 a coûté 80 millions; ils n'ont pas oublié celle qui, en 1875, emporta tout un faubourg de Toulouse, anéantit 6 à 700 vies humaines et causa pour plus de 100 millions de dégâts. Les jeunes ont encore présente à la mémoire la crue de 1897 qui dévasta les plaines de la Haute-Gascogne et submergea l'Isle-en-Dodon, et les traces sont encore visibles du désastre causé en juillet de la même année par le Bastan, qui, après avoir enlevé une partie des maisons de Barèges, emporta 5 kilomètres de route et menaça Luz.

Et cependant ils s'acharnent, ne manquant

aucune occasion, quand l'intérêt du bétail est en jeu, de dégarnir leurs montagnes.

*
* *

Sur le versant espagnol, deux ou trois fois plus étendu, partant beaucoup moins accessible aux voies de pénétration, l'œuvre néfaste est encore plus avancée. On se demande par quel prodige d'équilibre les vieilles Pyrénées caduques, branlantes, tiennent debout sur leurs assises dépouillées. Dans les vallées profondes, abruptes, envahies par la pierraille tombée des sommets délabrés, les vastes forêts presque inexploitées, envahies par les troupeaux, ravagées par l'incendie, ressemblent à de vastes cimetières où se dressent de loin en loin, au milieu des granits plats pareils à des pierres tombales, des squelettes échevelés aux branches tordues. A chaque pas, on trébuche sur des troncs creux pleins de cendre blanche, qui pourrissent parmi les rhododendrons et les bruyères. Des arbres plusieurs fois centenaires, debout dans le tumulte du vent, achèvent de mourir à l'endroit même où ils sont nés.

Des moutons en longues files, des vaches lentes, des chèvres à la dent aiguë pacagent parmi ces ruines sous l'œil indifférent des bergers en culotte de velours, dont un sombrero à la bordure crasseuse couvre le front bruni. Spectacle pittoresque pour le montagnard qui passe, mais combien attristant pour l'observateur qui suppute tant de richesses perdues !

Les Pyrénées, déjà vieilles, sont arrivées à un état de délabrement qui provoque de légitimes inquiétudes et appellent des mesures de préservation énergiques. Ces mesures, dont l'examen approfondi nous entraînerait trop loin, peuvent se résumer en trois points : 1º défendre les forêts existantes ; 2º reconstituer celles qui ont disparu ; 3º restaurer les terrains.

Tous les gens de métier, savants, agriculteurs, forestiers, ingénieurs, sont unanimes à reconnaître l'impuissance de notre Code forestier. Et les quatre lois fondamentales formulées par Surrell en 1870 restent encore d'une saisissante actualité :

La présence d'une forêt sur le sol empêche la formation des torrents.

Le déboisement d'une forêt livre le sol en proie aux torrents.

Le développement des forêts provoque l'extinction des torrents.

La chute des forêts redouble la violence des torrents et peut même les faire renaître.

Nos paysans pyrénéens comprendront-ils enfin
la voix de la raison ?

LES GLACIERS DES PYRÉNÉES

Le public, sévère mais injuste, reproche généralement aux Pyrénées, si riches par ailleurs,
la pauvreté de leurs glaciers. Il les compare à
ceux des Alpes, plus vastes, plus impressionnants, et surtout plus accessibles.

Évidemment celui qui, installé au port de
Vénasque ou à Superbagnères, contemple de
loin les neiges dont se pare le front de la Maladetta ou des Crabioules est tenté de les considérer comme des taches bien petites par rapport
à l'ensemble des sombres forêts et des rochers
gris qui les supportent et les encadrent. En
revanche il n'a pas plus tôt mis le pied sur un
de ces glaciers, minuscules en apparence, qu'il
est effrayé de ses dimensions.

Les opinions contradictoires des acteurs et
des spectateurs ont créé relativement à l'étendue
des surfaces neigeuses une confusion que la
science, inaccessible au sentiment, a pu dissiper. Car le montagnard lui-même se soucie
médiocrement de l'exactitude, quand elle n'a
pas un intérêt pratique immédiat, et il estime la

valeur de son effort personnel bien plus que la nature de l'obstacle qui le provoque.

Un point doit être établi. S'il est facile, à première vue, de ressentir l'impression générale de blancheur qui émane du spectacle des hauts sommets, il est difficile pour un novice de distinguer entre le *névé*, amas de neige laissé par l'hiver et appelé à fondre progressivement sous le soleil estival, et le *glacier*, immuable, amas d'eau congelé, suffisamment transformé en glace pour ne jamais disparaître de la dépression rocheuse qui l'alimente sans cesse et le maintient entre ses moraines.

Or, l'impression d'ensemble qui frappe le promeneur et forme la base de son appréciation vient précisément de ces névés, mieux exposés au regard, plus étincelants et dont l'éclat efface la splendeur terne des vrais glaciers, situés beaucoup plus haut et souvent cachés par les murailles qui les entourent. Et comme d'une année à l'autre, d'un mois, d'une semaine, d'un jour à l'autre lesdits névés augmentent ou diminuent selon l'état de la température et la configuration du terrain, les narrateurs les plus consciencieux sont enclins à se contredire mutuellement, quand ils ne se contredisent pas eux-mêmes.

Un savant distingué, M. Frantz Schrader,

s'est attaché à mesurer scientifiquement l'étendue des glaciers pyrénéens, et tout en s'excusant de les réduire à des proportions modestes, il déclare, en un fort beau langage, que la vraie mathématique ne serait rien si elle ne conduisait à la compréhension des harmonies universelles.

*
* *

Les glaciers pyrénéens sont réunis par groupes rassemblés autour des cimes les plus hautes. A l'inverse des Alpes, plus ramifiées, les Pyrénées ne présentent que deux grands massifs glaciaires : le premier, situé au sud de la vallée d'Argelès, le second — moins important — au sud de la vallée de Luchon. La zone totale, large de 8 à 20 kilomètres, s'étend sur une longueur de 100 kilomètres.

Ils se caractérisent par la personnalité, la simplicité. Au lieu de déborder sur ses voisins et de se déverser en nappes épaisses au fond des vallées, chacun d'eux s'alimente de son propre réservoir et descend dans son repli jusqu'à la limite de fusion, bien serré dans la ceinture de ses moraines. Le travail de l'été le détache de la muraille qui l'abrite, le travail de l'hiver le soude à nouveau jusqu'au printemps. Et les forces primaires de la nature s'exercent dans le grand silence, à peine troublé de loin en loin par le fracas des avalanches et la mitraille des cailloux qui se détachent.

Le Balaïtous (3,146ᵐ), situé à la limite des Basses et des Hautes-Pyrénées, est, avec ses contreforts le Cristail et la Frondella, le premier massif glaciaire du côté de l'Océan. Ses trois glaciers, dont le principal, celui de *Las Néous,* est célèbre dans les annales du pyrénéisme, couvrent une superficie de 144 hectares. Au sud-est, le groupe espagnol des Pics d'Enfer (3,082ᵐ), flanqué des pics d'Arualas et d'Algas, représente 88 hectares.

Les crêtes intermédiaires du Cambalès, de la Fache et de l'Aratille n'abritent sur leurs flancs abrupts que des névés. Mais les Pyrénées se redressent d'un effort au Vignemale (3,298ᵐ) dont l'hermine est d'une incomparable splendeur. Le glacier septentrional, encastré dans un couloir vertical est une vraie cascade de glace qui tombe, d'un jet de mille mètres, au fond des Oulettes de Gaube. Quant au glacier oriental qui prend naissance entre la Pique-Longue, le Cerbillonas et le Montferrat avant de descendre, majestueux et bouleversé vers la vallée d'Ossoue, il s'enrichit de crevasses et de séracs uniques aux Pyrénées. Il mesure, avec ses voisins, 254 hectares.

Exposés au nord, séparés par des gradins et situés sur des pentes plus raides, les glaciers du Cirque de Gavarnie sont plus étroits, plus épais. On en compte neuf, dont l'ensemble représente 348 hectares. Le massif du Mont-Perdu (3,352^m) relativement petit puisqu'il ne comporte avec le Cylindre (3,327^m) et le Soum de Ramond (3,248^m) que trois pointes, offre la masse glaciaire la plus compacte et la plus imposante : 596 hectares. A l'est, les jolis cirques de Trumouse et de Barrosa portent 124 hectares, et les cimes du Pic-Long et du Néouvielle qui séparent l'Adour de la Garonne, 240 hectares.

*
* *

La première zone glaciaire se chiffre par un total de 1,794 hectares. Le savant géographe évalue à 124 hectares les glaciers des Gourgs-Blancs et de Clarabide qui alimentent la Neste-de-Louron et appartiennent pas leur situation au territoire de Luchon. Bien qu'il attribue seulement 500 hectares à l'appoint neigeux fourni par les sommets du Lis et du port d'Oo, on peut affirmer que cette région sinistre, blafarde, sépulcrale est en son ensemble la plus polaire des Pyrénées et que le lac du Portillon encombré de banquises n'a pas de rival dans toute la chaîne.

Déshérités malgré leur altitude (3,337^m), les Posets n'ont que 216 hectares de neige enfouie dans les creux de leurs sombres murailles schisteuses. En revanche, les Monts-Maudits, ces géants, présentent avec leurs 692 hectares la plus vaste étendue de glaciers. A vrai dire, le versant septentrional n'est qu'une nappe immense et continue, à peine coupée par les arêtes qui descendent du pic de la Maladetta et de l'Anéto. Au sud, les pentes escarpées, minées par les avalanches et exposées à l'ardeur du soleil, abondent en névés, dont la surface, difficile à évaluer, n'entre pas ici en ligne de compte.

Il faut considérer enfin que M. Schrader n'a pas poursuivi son intéressant travail à l'est des Monts-Maudits, malgré la présence de glaciers importants autour du Comolo-Forno, du Bécibéri, du Comolos-Pales, dont l'altitude dépasse 3,000 mètres.

Ajoutez ces 1,572 hectares aux 1,794 du massif oriental et vous obtiendrez 3,366 hectares pour toute l'étendue des glaciers pyrénéens.

C'est peu, relativement. Mais ici le vrai danger ne réside pas dans les neiges qui sont pour nos montagnes une parure et non une arme. Il est dans les cailloux branlants, les roches disloquées, les pitons et les obélisques sans cesse prêts à s'effondrer.

Car les Pyrénées, très vieilles, sont parfois bien méchantes, même pour ceux qui les respectent et les adorent.

CHAPITRE SIXIÈME

ALPINISME ET PYRÉNÉISME

Tous les sports ont des fervents. Mais tous ne sont pas également nobles. Il en est de banals, de vulgaires, qui n'exigent nulle initiative, nulle présentation préalable, et qu'on tutoie aussitôt, sans les connaître. D'autres, au contraire, accueillent dédaigneusement la foule, qu'ils tiennent à l'écart. Ce sont des aristocrates. Ils redoutent la familiarité. Ils savent que leur domaine n'est pas accessible au public et qu'il perdrait, d'être envahi, son charme auguste. Ils sont impitoyables, irréductibles. Ils infligent de cruelles leçons aux faibles qui veulent pénétrer sans titres dans leur intimité; ils n'épargnent même pas les forts qui dans une minute d'inattention oublient les règles sévères, fidèlement observées jusqu'à ce jour. Quiconque les affronte doit être prêt à sacrifier sa vie.

L'alpinisme — et si j'emploie ce terme générique c'est pour me faire mieux entendre et par respect pour le lieu d'où est issue une science que le pyrénéisme, plus jeune, sut rénover — est de tous les sports le plus ancien, le plus désintéressé, le plus riche en exemples. Il est resté aujourd'hui ce qu'il était hier. Si le progrès l'a effleuré, c'est à son insu et contre son gré. Il s'efforça toujours d'écarter ce gêneur qui lui amenait du monde. Et les funiculaires, les hôtelleries, si utiles à la masse, n'ont servi qu'à reculer, à élever encore les limites de son domaine.

La vraie montagne commence plus haut, elle finit plus haut. Elle ne s'arrête qu'aux pointes suprêmes, jugées inabordables autrefois, accessibles aujourd'hui grâce à la collaboration de guides constitués en corporations sérieuses, grâce aux modes de locomotion qui transportent au seuil des glaciers la base d'opération située naguère au fond des vallées. L'écart reste le même. L'audace de l'homme augmente à mesure que l'adversaire devient plus terrible. De se sentir plus forts, il ose davantage. Les grandes parties ont changé de territoire, elles ont gardé leur rigueur. La face du péril s'est modifiée, le péril est demeuré pareil.

Ce que l'alpinisme a gagné au progrès, ce n'est pas un outillage plus ou moins perfectionné. Un morceau de chanvre, un bout de bois garni d'une pique, quelques clous insérés dans la semelle débordante des souliers plus épais, ces accessoires — dont discutent les spécialistes — n'ont guère varié depuis la période héroïque. Ils prêtent à l'ignorant, à l'incapable le moyen matériel de circuler là-haut sans disgrâce, ils ne lui confèrent pas le don de grimper, de respirer, de vivre. Encore moins lui donnent-ils la maîtrise qui seule ouvre l'accès des félicités totales dues à la communion parfaite entre l'homme et la nature. Pareillement, les guides les plus experts à diriger, à soigner, restent désarmés devant le vertige, la migraine, le mal de montagne qui terrassent subitement le touriste et le transforment, malgré ses bottes fauves et son piolet nickelé, en une loque pesante et molle, incapable de se mouvoir pour résister au sommeil avant-coureur de la mort. Et les plus robustes d'entre nous sont tributaires de l'éblouissement, de la peur, du petit geste instinctif ébauché au passage d'une crevasse, contre une muraille rocheuse, sur une crête.

L'alpinisme a néanmoins tiré du progrès un profit moral inappréciable : la conscience de sa valeur, la notion exacte de ce que peut l'effort bien dirigé, quand il est servi par le courage et la résignation.

*
* *

Autrefois, on osait à peine lever les yeux vers les montagnes. On les redoutait. La superstition des indigènes, entretenue par un pesant atavisme, considérait comme maudites les solitudes stériles qui les dominaient de leur masse menaçante. Forcés de vivre là où la destinée les avait fait naître, ils se contentaient de défendre leurs personnes et leurs biens contre les caprices d'un ennnemi toujours prêt à les écraser. L'étranger était alors un isolé, un paria. On le tenait pour un intrus. On le traitait de fou, on ne comprenait pas sa généreuse ardeur, on suspectait le désintéressement de sa curiosité. Il devait user de persuasion, d'éloquence, exhiber une bourse bien garnie pour déterminer les paysans craintifs à l'accompagner dans le domaine que l'imagination populaire affirmait hanté. Et ils ne s'y

15

décidaient qu'en maugréant, sur la promesse d'un gros salaire.

Peu à peu, l'intelligence triompha de l'instinct. Le nombre des visiteurs s'accrut. Il fallut héberger, nourrir, distraire ces gens qui voulaient voir, et qui payaient fort cher des services faciles. Édifiés désormais sur la valeur marchande de leurs montagnes considérées naguère comme improductives, les indigènes se mirent à les aménager en vue des citadins. Des sentiers facilitèrent l'accès des hauts plateaux, des auberges se dressèrent au milieu des paysages privilégiés, des ponts furent jetés au-dessus des torrents que les dames n'osaient franchir crainte de mouiller leurs jupes, on installa des parapets devant les cascades, rapport aux enfants, on creusa des tunnels dans la roche dure, on cloua sur les arbres des pancartes. Les gars du pays, utilisant leurs dons naturels négligés ou employés aux distractions personnelles, de la chasse ou de la pêche, se constituèrent en corporation de guides sous le contrôle de sociétés puissantes. Des plaques, des brevets, des médailles furent délivrés aux plus méritants dont les états de services, dûment constatés, s'inscrivirent en des revues officielles, en des livrets paraphés par des messieurs de Paris pleins de bonnes intentions, sinon de compétence. La montagne devint pour les uns une source de revenus, pour les autres une source de plaisirs.

L'alpiniste, jadis dénigré, est maintenant l'hôte espéré qu'on attire par de savants réclames, qu'on fête à l'instar d'un bienfaiteur. Il en profite, il en abuse parfois. Il s'installe en maître sur le territoire conquis par ses aïeux. Il est chez lui, il commande, il discute, il affirme. Vingt hommes sont prêts à l'accompagner, d'après le tarif affiché à la devanture. Les tailleurs sportifs ont créé à son intention des costumes compliqués, aux poches multiples, qu'il exhibe avec enthousiasme sur les terrasses des casinos parmi les groupes de jeunes filles en admiration devant sa prestance. A son chapeau tyrolien palpite une plume de coq, ses jambes sont moulées dans des bandes à spirale, le plancher des auberges fléchit sous le poids de ses lourdes bottes ferrées. Il manie élégamment son petit piolet mince à pointe d'acier joli comme un jouet. Il fume des pipes courtes, parle haut, tutoie les valets de ferme, dédaigne les voisins de table d'hôte et n'attend pas le dessert pour raconter ses exploits.

L'alpinisme, qu'il ne faut pas juger d'après cet encombrant personnage, assez rare d'ailleurs aux Pyrénées, est maintenant un sport classé, classique, soumis à un rigoureux code. Il a ses

lois, ses traditions, il a ses professeurs, ses
élèves ; il a ses écrivains, ses peintres. A considérer la difficulté de son apprentissage, les sévères
pénalités qu'il inflige aux écervelés, la dignité
qu'il conserve malgré tant de jeunes concur-
rences agrées ou imposées par la mode, on
doit saluer en lui l'ancêtre, l'initiateur du
mouvement vers la pratique de la vie en plein
air, dispensatrice de joie, d'équilibre, de santé.
Les plus indifférents lui savent gré d'avoir
ouvert à l'activité la partie la plus sublime du
domaine terrestre. C'est à bon droit qu'il a
conquis une place d'honneur dans la hiérarchie
des sports.

*
* *

Une place à part. En notre époque de curiosité
sans frein, l'alpinisme garde une réserve orgueil-
leuse et timide qui ne lui attire pas la sympathie
de la masse, habituée à comparer, à juger, à dire
son mot. Cela se conçoit. Il s'exerce sur un
champ illimité, en des régions peu accessibles.
Il échappe ainsi au contrôle du public. Les
qualités qu'il exige — endurance, résignation,
sang-froid — sont des qualités mineures —
anglo-saxonnes — inférieures en prestige aux
qualités majeures françaises — d'audace, d'in-

trépidité, de gaie vaillance par quoi se distingue l'effort visible et relativement bref du chauffeur, du cavalier, du cycliste, ces ténors fêtés. Et il est assez naturel que la foule se désintéresse d'un jeu qu'on lui représente tantôt comme redoutable, tantôt comme puéril.

Redoutable surtout. A côté des convaincus qui recherchent dans la pratique de la montagne une manière plus rude d'exercer leur activité, à côté des Tartarins dont les bavardages démonétisés n'ont plus cours que dans les estaminets des plus humbles sous-préfectures, une minorité de touristes semble prendre à cœur de spécialiser davantage aux yeux des profanes un sport exceptionnel déjà par lui-même. Or, cette minorité-là est la seule qui parle, qui écrive. Elle seule représente devant l'opinion l'alpinisme.

Il serait injuste de suspecter le désintéressement des écrivains voués à la tâche difficile et peu lucrative de glorifier la montagne. On peut se demander toutefois si les moyens qu'ils croient devoir employer sont de nature à servir la cause commune, et si, en évoquant sans cesse le spectre du danger, ils ne risquent pas de rebuter la curiosité d'une clientèle prête à se laisser tenter.

*
* *

Nous avons constamment, depuis quelques années, le mot de sport à la bouche. Mais nous sommes loin d'égaler et même d'approcher, à cet égard, les Anglo-Saxons, nos initiateurs demeurés nos maîtres. Nous sommes des sensibles, des nerveux, des affectifs ; nous manquons de volonté, de muscles, de raisonnement tenace. La peur du ridicule — qui tue — paralyse nos efforts vers la gloire que nous adorons, mais que nous souhaitons immédiate, éclatante. Le triomphe obscur, obtenu sur nous-même, avec nos propres ressources, satisfait à demi notre amour-propre, avide de vaincre des rivaux, des émules. Le plaisir d'être forts nous importe peu à côté de l'orgueil d'être reconnus plus forts que les autres, et la victoire ne nous ravit que du jour où elle est publique.

Nous ignorons que le vrai mérite, en matière d'alpinisme, ne consiste pas à dompter une montagne, c'est-à-dire un amas de rocs et de neiges, mais à dompter sa fatigue, sa mollesse, sa lâcheté, et que l'effet du sport est précisément de donner à chacun de nous la mesure exacte de ses moyens, partant la conscience pleine et entière de sa valeur individuelle.

Cette conception fausse sévit cruellement dans les milieux pyrénéistes volontiers enclins à la discussion, à la dispute. Certains de ces messieurs tendent à devenir des techniciens pointilleux confinés en d'étroites questions de préséance, de priorité, propres à exalter la vanité. Le désir de garder leur rang, d'éclipser les aînés, de se signaler à l'attention des maîtres, les pousse à des exploits inédits qu'ils racontent devant un auditoire attentif et crédule, avec une exagération modeste. Sourds aux bruits du dehors, ils se spécialisent chaque jour davantage dans un art qu'ils finissent pas considérer, tant ils l'aiment, comme leur bien, et ils se transforment ainsi en pontifes d'un culte créé par leurs mains, sans s'apercevoir que les recrues, effrayées de leur intransigeance, désertent la petite chapelle dont l'encens, désormais, ne brûle que pour eux.

Nous ne devons pas être des pontifes, mais des missionnaires ; nous devons donner des indications et non des ordres.

Il est louable de prouver que la montagne est pour les forts une merveilleuse école d'énergie. Il est plus utile encore de montrer qu'elle n'est pas ouverte aux seuls virtuoses, mais qu'elle est accessible en principe à tous les sportsmen rompus à la pratique régulière des sports

TRISTESSE DES MONTAGNES

En un poème ardent et mélancolique, Hugo chanta le désintéressement des montagnes. A coup sûr, l'effort des hommes touche peu leur indifférence dédaigneuse. Elles sont vieilles. Sorties les premières de la croûte terrestre en formation, elles ont vu s'étaler à leur pied les plaines fécondes où la vie animale se multiplia au bord des rivières, à l'abri des forêts, au milieu des pâturages gras. L'époque est révolue des grands cataclysmes qui bouleversèrent leurs masses instables. Ce n'est plus là haut que se livrent les combats entre les éléments déchaînés; c'est en bas qu'on travaille, qu'on peine, pour le pain quotidien gagné à la sueur des fronts.

Les montagnes sont devenues la plus magnifique parure de la terre enlaidie par l'industrie humaine. Elles ont joué leur rôle, elles regardent, elles se souviennent des temps. A peine si, parfois, elles bougent. Les blocs tassés par le poids des neiges ont pris leur place définitive dans l'écorce durcie; au fond des vallées les gaves ont creusé patiemment leurs lits tortueux; les noirs sapins s'accrochent de toutes leurs racines sur les pentes, et les mouvements des glaciers sont si faibles que seule l'observation scientifique peut en évaluer l'importance. Les vagues de la montagne se sont figées.

Désintéressées, certes. Et c'est de là que vient leur tristesse.

Elle est indicible, incommensurable. Elle est quelque chose de vague et de précis, de ténébreux et d'éclatant qui flotte constamment autour de l'homme, qui le pénètre, qui l'attendrit. Je comprends, aujourd'hui, depuis que la montagne m'a fait payer si cher des joies pourtant légitimes et dues à notre seul courage, combien sa mélancolie doit peser sur les âmes sensibles et généreuses. Alors que les vastes horizons marins dispersent au vent du large nos pensées et confèrent aux plus humbles d'entre elles l'ampleur et la dignité d'un élan vers l'infini, les hautes barrières dressées devant nos regards étouffent en nos cœurs crispés l'appel de nos espoirs et de nos inquiétudes.

La montagne, il ne faut pas la regarder, il faut la prendre. La contemplation passive, qui suffit aux promeneurs placides et d'ailleurs inaptes à sentir la nature au travers de leur préoccupations matérielles, devient rapidement une douloureuse obsession pour les êtres rudes et délicats qui ne se contentent pas des apparences. Seule l'action, l'action violente et raisonnée peut triompher de ce malaise et le transformer en une âpre volupté, faite à la fois d'orgueil et de résignation.

Bien souvent j'ai pu constater cette vérité au cours de mes nombreuses explorations avec le compagnon disparu qui s'exprime ici par ma plume fraternelle. Nous étions pourtant des hommes énergiques, durs à la fatigue, simples, des montagnards convaincus, peu enclins à sacrifier aux délices, pourtant réelles, de Luchon, l'objet de notre amour. Eh bien, nous disions : « Pourquoi courir ainsi, à l'aventure, sans jamais nous attarder ? Connaissons-nous vraiment la montagne pyrénéenne malgré nos quinze années d'expéditions, malgré les milliers de belles images dérobées au pas de course, malgré tant d'ascensions répétées d'un bout de la chaîne à l'autre ? Pourquoi nous obstiner à collectionner les escalades dangereuses ou inédites à l'instar des piètres grimpeurs et des mauvais écrivains dont nous blâmons, d'accord avec le public, la vanité sotte ? L'heure n'est-elle pas venue enfin de nous asseoir, de regarder, d'élire un décor pour y vivre sous le soleil ami, avec les arbres, ces vieux compagnons fidèles qui nous caressent, au passage, de leurs branches ? »

Nous avons réalisé ce rêve raisonnable. Nous avons dressé notre tente au fond des vallons creux, près des lacs sombres, à l'abri des sapins tordus par la rafale. Nous avons dormi sur l'herbe rase, sur les silex coupants, sur la neige creusée en grotte, là haut, près des cimes hantées par les isards craintifs. Nous avons vécu dans ces solitudes d'une vie de maîtres, libres, uniquement soucieux de nous instruire, de pénétrer les secrets de ce monde auguste.

Ce monde n'a pas répondu à nos questions. Il les a glacées sur nos lèvres. Nous étions trop près, nous manquions de recul, nous n'étions plus soutenus par la fièvre de l'action qui seule permet à la sensibilité de réagir contre le morne décor démesuré. Nous étions des petits enfants peureux qui n'osent plus jouer parce qu'on leur a défendu de faire du bruit, et qui pleurent de ne pouvoir bouger. Et nous demeurions comme Salammbô, mélancoliques, devant notre rêve accompli.

La tristesse de la montagne, nous l'avons senti descendre en nous chaque fois que nous avons voulu nous imprégner de sa grandeur totale. Contre elle, il faut lutter sans cesse, de toutes ses forces exaspérées, sous peine de succomber à la dangereuse, à la délicieuse ivresse.

LA MARCHE EN MONTAGNE

Tout d'abord, il faut affirmer ceci : pour le montagnard, la marche est une fin et non pas un moyen.

Cette vérité fondamentale suffit à expliquer le culte fervent voué par une élite à un sport resté primitif et qui n'utilise aucune des conquêtes de la science. La marche est une fin.

La question d'aller ici ou là, de gravir tel ou tel pic est secondaire à côté de la volupté généralement douce, âpre parfois, délicieuse toujours, de monter. Ceux qui n'entreprennent une ascension que dans l'objet de voir des paysages et de contempler un panorama et qui peinent, qui souffrent au long du chemin avant de se procurer cette joie, ne sont pas des prédestinés. Ils peuvent réussir, à cause de l'amour-propre en jeu, du guide qui gourmande, des amis qui raillent, ils peuvent même garder la mémoire des merveilles entrevues en un bref moment d'ivresse. Mais ils restent des étrangers, incapables de renouveler une expérience si chèrement payée.

Ceux-là seuls sont des élus qui jouissent alors que les autres souffrent et qui, dans les plus cruels moments, ne blasphèment pas.

Les règles de la marche en montagne sont variées comme le terrain sur quoi elles s'exercent. Une longue pratique permet seule de les connaître, et il faut une grande souplesse d'esprit pour distinguer celles qui, par leur caractère général, mériteraient d'être érigées en axiome. Car l'écrivain cède trop facilement à la tentation de préconiser un système conforme à ses moyens personnels, et dont il n'eut pas l'occasion de vérifier l'application sur d'autres. Les pions sont de mauvais maîtres, ainsi que les virtuoses, et il y a un juste milieu entre les critiques qui, livre en main, imposent une discipline puérile et les poètes qui s'écrient : « A 3,000 mètres l'obéissance n'est jamais un devoir... On y a des ailes ! »

Certains principes fondamentaux méritent néanmoins d'être rappelés.

L'ensemble de ces procédés, commun à tous les sports, s'appelle l'entraînement. Il a pour résultat de substituer à la fatigue initiale, pénible, le plaisir qui provient de l'adaptation harmonique entre les facultés de l'homme et la résistance passive de la nature. Les quelques sacrifices exigés au début, et qui portent sur nos vilains défauts de légèreté, d'imprévoyance, de vanité prétentieuse, sont largement compensés par les joies viriles dues à l'exaltation de la personnalité consciente. Et loin de mépriser les montagnards inélégants et rudes qui « semblent » peiner sur les sentiers abrupts, vous les envieriez si vous saviez ce qu'il sont heureux.

En montagne, plus qu'ailleurs, la santé est la première condition du succès. Le cycliste, le cavalier, le chauffeur s'exercent en des régions habitées, habitables, accomplissant un effort régulier sur un terrain sensiblement pareil. Le montagnard en quelques jours, en quelques heures, parcourt la gamme entière des saisons. Dès qu'il a dépassé la zone des pâturages et des forêts, il se trouve en pays perdu, abandonné à ses seules ressources, exposé non seulement aux mille obstacles de la montagne elle-même, mais encore aux brusques changements de température, à la chaleur, au froid, à la soif, à la faim. Il devra donc posséder, outre les forces strictement nécessaires, un fonds de réserve susceptible, le cas échéant, de prolonger la résistance au delà des limites prévues.

Incapable d'acquisitions nouvelles en cours de route, limité au capital dont il dispose au moment du départ, il s'attachera surtout à l'épargner. Il sera un administrateur avisé, un économe sage et prudent, peu enclin à gaspiller la menue monnaie de son énergie, et qui gardera par devers soi, sans l'entamer, le pécule soigneusement amassé qui peut lui assurer la victoire ou lui sauver la vie.

Car la question du danger est relative, liée à l'état présent de celui qui l'affronte. Un passage est toujours périlleux pour les faibles, comme un objet est toujours cher pour les pauvres. On est fort, on est riche quand on convoite ce qui n'excède pas ses moyens.

Les qualités négatives de résignation, de patience, de sang-froid, suffisent au touriste moyen qui se contente de circuler en territoire connu sous la conduite de guides rompus aux finesses du métier. Celui-là seul sera un maître grimpeur qui, sur cette base solide, greffera les qualités affirmatives d'audace, de témérité, de bravoure. Il ne sera ni un timide confiné en d'identiques besognes, ni un fou désireux d'attirer l'attention du public sur ses exploits. Il sera un homme complet, capable d'agir et de raisonner, un fin lutteur attentif à déjouer les pièges, à profiter des chances.

La technique de la marche variera selon les phases du combat, c'est-à-dire selon l'attaque et la défense. Au début, le montagnard se tient sur la défensive. Il veut simplement se rapprocher, gagner du terrain et du temps en épargnant ses forces et il profite de la trêve que lui offre la montagne, encore clémente. La marche sera donc régulière, balancée, infléchie de façon à fournir 300 mètres d'ascension à l'heure, à raison de un pas à la seconde et 0^m 10 de hauteur franchie. Le corps légèrement incliné en avant, les pieds à peine soulevés et posés à plat sur le sol et sans bruit, les jarrets non tendus, pour donner l'effort équivalent au potentiel emmagasiné, et éviter le désastreux effet des chocs qui épuisent l'organisme.

Au début, il y a quelque affolement. Les organes, engourdis par le repos, ont de la peine à se mettre en train. Il faut les réveiller, les amener progressivement à exécuter le travail nouveau qu'on leur impose. Peu à peu, le malaise initial se dissipe; le cœur, les poumons reprennent leur jeu normal. La marche, désormais, n'est plus une fatigue. Elle devient une fonction automatique, régie par la règle du moindre effort. Les muscles disciplinés y collaborent seuls, sans l'intervention du cerveau qui, une fois pour toutes, leur a transmis ses ordres. Et la pensée, complètement désintéressée d'une besogne qui lui demeure étrangère, fleurit, alerte et pimpante, sous les fronts brunis.

L'élan acquis, il est important de le conserver. Un faux pas, une parole suffisent pour provoquer une rupture. Aussi les haltes seront-elles courtes et très espacées. On restera debout et au soleil,

et l'on repartira aussitôt après, de la même
allure souple.

Marcher lentement et s'arrêter peu, c'est le
premier stade. Marcher lentement et ne pas
s'arrêter, c'est le second.

Comme on est rarement seul en montagne,
chacun devra, son pas une fois réglé, le régler
sur le pas de ses compagnons, du guide surtout
qui, plus expérimenté, amènera les touristes à
adopter, sans l'imposer, sa méthode. La condition essentielle de la réussite est d'arriver à constituer une équipe bien unie, et de substituer
aux trois ou quatre volontés individuelles une
seule volonté collective, qui commande.

Tant qu'un lien moral plus solide que la corde
ne réunira pas les membres d'une expédition au
point de tuer en eux toute velléité d'initiative
particulière, la marche sera flottante, indécise.
Il est nécessaire d'opposer au découragement, au
dégoût, ou simplement à la fatigue, l'audace tranquille que donne la force du nombre appuyée sur
la contagion de l'exemple. Il faut, en un mot, acquérir au milieu de la nature hostile la puissance invincible et inconsciente des foules. Les
touristes devront donc renoncer momentané-
ment, en vue du but commun, à ce que leurs
personnalités, exceptionnelles ou banales, peuvent présenter de contradictoire. Ils formeront

une société avec son rigoureux code, ses règles
fixes, sa discipline sévère et sans appel. Ils sim-
plifieront la tâche volontairement acceptée, en
la réduisant à quelques gestes, quelques paroles.
Ils délégueront le pouvoir au plus robuste, au
plus habile, se spécialisant dans les besognes
où ils excellent. Ils connaîtront ainsi la liberté
dans l'aventure, la fraternité devant le danger,
l'égalité devant les risques, et la conscience de
leur union chassera de leur âme le spectre abo-
minable de la peur.

Car le vrai péril, ce ne sont pas les crevasses,
les corniches, les à-pics, les murailles, ce
qu'on voit. Le vrai péril, c'est ce qu'on sent, ce
qui émane du spectacle même, de sa magnificence
tragique, de son calme, et qui est le réflexe de
la nature impassible sur notre orgueil de conquérants débiles, mal servis par des organes impar-
faits, trahis par des nerfs ébranlés, meurtris.

La montagne est indifférente, elle nous laisse
monter. Nous sommes braves, certes, mais sensibles. Et alors pendant que nous savourons notre
triomphe, l'inquiétude, l'angoisse, la terreur,
tous les ennemis cachés qui dorment au fond de

notre sensibilité, se lèvent, s'abattent sur nous pour nous anéantir, nous briser. Une équipe bien disciplinée dont chaque membre connaît exactement son devoir et ses capacités spéciales, et qui ne tente jamais d'exploits supérieurs à la somme de ses moyens, est seule assurée de franchir de tels obstacles sans rien perdre de sa cohésion et de sa bonne humeur.

Le secret de la marche en haute montagne est bien plus dans l'observation de ces principes que dans l'art de poser le pied d'une certaine façon. Cela s'apprend par la pratique. Au pied du mur on voit le maçon ; et celui-là sera en état de vaincre le danger qui l'abordera sans crainte et sans hâte, en modifiant constamment sa tactique d'après les conseils de son guide au début, et plus tard d'après son instinct personnel, accru par l'expérience.

Et je ne saurais mieux terminer cet exposé qu'en citant la formule lapidaire où le docteur Philippe Tissié, l'éminent physiologiste, a résumé les résultats de sa longue expérience.

On marche avec ses muscles, on court avec ses poumons, on galope avec son cœur, on résiste avec son estomac, on arrive avec son cerveau.

LES GUIDES

On se rend compte difficilement, dans le public, des qualités exceptionnelles exigées par le métier périlleux de guide. Nulle fonction pourtant, parmi celles qui sont dévolues aux indigènes, n'exige plus de savoir, d'endurance, de tact, de sang-froid, de dévouement. Nulle ne comporte plus de risques ; nulle en revanche ne confère autant de dignité, de noblesse, et même de gloire.

Mais la maîtrise suprême ne s'acquiert qu'après un long et tenace effort. Avant d'assumer la redoutable tâche de conduire des citadins dans la montagne, il faut être un homme brave, un brave homme en qui se résument et s'amplifient toutes les vertus primitives développées par la vie rude des montagnards.

La bravoure, la témérité, la résistance sont innées chez les paysans pyrénéens. Elles ne sont rien cependant sans la science, sans le don d'observation sagace qui permet à un individu, même petit, d'estimer à sa valeur un individu, même grand, qu'on lui confie dans des circonstances déterminées avec mission de le ramener sain et sauf, content et satisfait.

En principe, tous les touristes de constitution

moyenne, suffisammmment entraînés, peuvent
entreprendre et réussir sans danger les quatre
ou cinq ascensions classiques des Pyrénées.
Mais ils sont en général imparfaitement renseignés sur leurs propres capacités qu'ils ignorent
ou prisent avec excès. C'est au guide qu'il sied
de les évaluer, d'en estimer l'utilité présente,
l'emploi éventuel. Car si l'aptitude d'un homme
à la pratique des sports en plein air lui donne
une certaine endurance, elle ne le prémunit pas
nécessairement contre le vertige, l'éblouissement, le mal de montagne, éléments de troubles
inconnus au chauffeur, au cavalier, au cycliste
dont l'activité s'exerce en des lieux habités,
pourvus de ressources. Le guide devra donc
mesurer les chances de succès que lui apporte
son nouveau compagnon, sans se laisser influen-
cer par les apparences ou les discours du client
qui, sous prétexte qu'il a « fait la Meige », parle
haut. Alors, bien informé, il combinera les
moyens d'attaque dont il dispose avec les
moyens de défense présentés par la montagne qu'il connaît, et qu'il sait variable selon
la saison, le jour, l'heure.

La fonction du guide s'éclaircit et se précise.
Il ne sera pas celui qui commande suivant sa
propre inspiration en appliquant à toutes les
recrues indistinctement une tactique reconnue

excellente avec certains. Il ne sera pas le « recordman » soucieux d'accomplir une escalade en un temps déterminé pour recueillir à son retour des applaudissements dont le « monsieur » fourbu paiera seul les frais. Il sera le chef énergique et doux, capable de modifier l'itinéraire d'après les circonstances, d'assurer la retraite, de prévoir les surprises, le camarade clairvoyant prompt à discerner les moindres signes de découragement ou de fatigue, l'ami dévoué, attentif, silencieux, gai quand tout va bien, bourru quand les choses se gâtent, qui garde pour soi les inquiétudes conçues en cours de route, et attend, pour parler du danger, qu'il soit passé. Plus que jamais, là-haut, il arborera le gant de velours, — de laine, — sur sa main de fer et même s'il se trompe — ce qui arrive aux meilleurs — n'en laissera rien paraître, sous peine de compromettre son prestige.

Car l'obstacle pour lui, ce n'est pas la montagne où il est né, où il a grandi, où il a si souvent couru pour son propre compte avant d'acquérir la maîtrise qui lui fournit son gagne-pain. L'obstacle c'est le client, l'inconnu, trop timoré ou trop téméraire, qui ne sait rien ou croit savoir tout et qui, novice ou virtuose, ne peut ou ne veut obéir. Aujourd'hui, c'est un alpiniste réputé venu pour explorer en quelques jours une vaste région et qui commande à tort et à travers, prétend imposer au pyrénéen méprisé les méthodes — inutilisables ici — acquises au contact des guides suisses. Avec celui-là il faudra user de modération, de tact, feindre la soumission, laisser aux événements le soin de confondre les erreurs. Demain ce sera un Tartarin flamboyant, guêtré, coiffé, botté, équipé de neuf, qui, après avoir parlé de battre tous les records et affirmé sa volonté d'inscrire son nom sur le registre du Vignemale ou du Mont-Perdu, perdra son feutre au premier coup de vent, son souffle au premier lacet du chemin et n'attendra pas d'être arrivé à la première halte pour restituer son déjeuner sur l'herbe. Et le guide devra s'estimer heureux si la Providence lui envoie de loin en loin des marcheurs moyens, convaincus, sérieux, dociles aux leçons de son expérience et capables de fournir, à l'occasion, un effort.

Les guides pyrénéens ne semblent pas suffisamment comprendre la grandeur et la complexité de leur tâche. Personnellement, ils connaissent à fond la technique de la montagne, mais ils perdent de vue que leur mission consiste précisément à la révéler aux touristes qui l'ignorent. Hormis cinq ou six sérieux et malins qui ont voyagé, observé, compris — et qui sont devenus riches — la plupart estiment qu'il suffit de prendre un bâton et des cordes, de marcher en avant sans s'inquiéter du reste, de fumer des cigarettes et de raconter des histoires de brigands, quitte à soigner, avec dévouement d'ailleurs, le client subitement effondré.

Il est louable de prodiguer ses soins aux malades. Pourtant, cette nécessité ne s'impose pas, et il vaut mieux remplacer le zèle de la dernière heure par l'attention constante et réfléchie qui le rendrait inutile.

*
* *

On a souvent constaté l'insuffisance des guides pyrénéens, leur indiscipline, leur familiarité envers la clientèle; on a protesté contre la légèreté qui préside à leur recrutement, à leur instruction technique, à leur classement selon l'âge, la capacité, les états de services. On souhaiterait que le Club Alpin, plus conscient de sa responsabilité, se montrât plus sévère dans l'attribution des brevets, qu'il exerçât un contrôle plus rigoureux sur les hommes dont il prétend consacrer le mérite, qu'il employât les méthodes usitées ailleurs, pour le plus grand bien des uns et des autres.

Sans doute, mais une organisation sérieuse

ne peut fonctionner que dans un pays sérieux, assidûment visité par les touristes, qui dictent leurs conditions et récompensent les sacrifices consentis en leur faveur. Aux Pyrénées, le guide de sommets n'est, à l'exception de deux ou trois centres sportifs, qu'un personnage secondaire rarement appelé à donner des preuves d'un savoir qui ne s'accroît point par des acquisitions nouvelles. Comme il n'exerce son dur métier que de façon intermittente, pendant la belle saison, si courte ; comme d'autre part il n'est convié à aucun cours d'enseignement pratique susceptible de le renseigner sur l'ensemble des Pyrénées dont sa maison n'occupe qu'un petit coin, il demeure soumis aux exigences des clients et ne connaît que les ascensions classiques, les seules qui tentent la foule. Car l'amateur, en général, a toujours établi son programme quand il s'abouche avec un professionnel. Alors il faut accepter, coûte que coûte, sous peine de manquer l'occasion.

Un tel état de choses a pour effet de restreindre de plus en plus le nombre des massifs offerts au choix des touristes et de rétrécir en même temps le champ d'expériences des guides. Ces malheureux ne marchent pas pour leur propre compte. Ils obéissent à la loi de l'offre et de la demande, dont ils sont les pre-

mières victimes. Tel qui, depuis vingt ans,
monte vingt fois par saison à l'Aneto, au Mont-
Perdu ou au Vignemale, sommets banals, trop
familiers pour permettre à un homme d'affirmer sa maîtrise, peut ignorer la vallée de Grégonio, le cirque de Barrosa et les pics d'Enfer,
lieux sauvages éloignés des centres de tourisme
et considérés comme dangereux. Et faute de
trouver l'occasion d'élargir le cercle de ses connaissances, il devra se borner aux excursions
faciles, monotones, sans attrait, qui le fatiguent
et le découragent.

En outre, les touristes sont exigeants. Ils se
soucient peu de découvrir des voies inédites et
d'accomplir, sans témoins, des coups de force.
Ils veulent aller vite et bien, et s'imaginent qu'ils
doivent en avoir « pour leur argent ». Quand
d'aventure, cédant au généreux enthousiasme
du début, ils se décident à affronter la haute
montagne, c'est généralement avec l'idée que
les Pyrénées, si aimables, ne réclament pas
l'effort de volonté persévérante et de bravoure
calme exigé par l'Alpe homicide. Cette idée,
fausse comme tous les préjugés, s'évanouit au
premier obstacle. L'énervement, le vertige, la
peur handicapent bien vite le client naturellement porté à rendre le guide responsable de sa
déception. Et le fanfaron, persuadé qu'il allait

exécuter des prouesses ou savourer les molles délices d'une promenade à travers des paysages pittoresques, ne songe plus qu'à regagner, par les voies les plus rapides, le gîte d'où l'arracha sa curiosité trop gourmande. Le guide, humble salarié, doit donc renoncer aux beaux projets ébauchés la veille, après boire, et ramener son monde sans avoir atteint le sommet proche, si ardemment convoité. Il ne s'agit plus de sport. Il s'agit simplement de battre en retraite au seuil du triomphe et de mettre un terme à une aventure sans lendemain.

Or, la tournée en haute montagne, qui constitue le charme même du pyrénéisme, s'accomplit d'après des itinéraires variés à l'infini, qui ne tiennent aucun compte des centres où résident les guides. Elle part d'un endroit connu pour aboutir à un endroit inconnu ou mal connu. Elle promène la caravane dans des régions désertes, par des chemins de fortune librement cherchés au jour le jour, en dehors des voies classiques particulières à chaque station. Les renseignements des manuels, malgré leur précision, cessent d'être utilisables, car ils ne peuvent prévoir les combinaisons multiples adoptées, volontairement ou en désespoir de cause, par les voyageurs.

Sorti de sa région, le guide cesse désormais

d'être le conducteur de la troupe, le chef seul responsable dont les ordres sont sans appel. Il devient le conseiller, le pourvoyeur, le camarade qui met au service des camarades moins solides son expérience plus profonde, parce que journalière, de la montagne. Ses qualités de montagnard perspicace et audacieux, qu'il n'a pas l'occasion de déployer dans les ascensions banales, trouveront ici une ample matière à s'exercer au plus grand profit de ses compagnons devenus ses égaux.

C'est là, dans le domaine de l'aventure, que les races méridionales, rebelles à la discipline, montrent le mieux leurs qualités d'initiative rapide et hardie. Leur horizon, dites-vous, se limite à leur clocher. A qui la faute? Proposez-leur de longues escalades en les assurant que vous êtes capables de les suivre, prêts à subir tous les risques sans vous plaindre. Alors vous constaterez, en les voyant à l'œuvre, que les montagnards « sont toujours là ».

LES ASCENSIONS SANS GUIDES

Elles sont tentantes. Elles apparaissent aux fervents comme la consécration de leur maîtrise, la preuve évidente de leur aptitude à se mouvoir librement dans un domaine où le vulgaire ne s'aventure qu'en tremblant, sous bonne escorte. Elles doublent aux yeux des rivaux le mérite d'une escalade, elles le triplent aux yeux des profanes. Elles suppriment un témoin parfois gênant qui peut assister à des défaillances, des fautes de tactique, rectifier plus tard les exagérations d'un compte rendu dramatisé, dévoiler aux camarades curieux les manies et les tics du client, plus ou moins brave, plus ou moins large. Oui, elles sont pleines d'attraits, surtout pour les mornes et turbulents Tartarins qui infestent les Pyrénées et qui en ont fait leur proie, leur chose, et qui prétendent les découvrir, les régenter, les débaptiser, et qui distribuent les bons points, dressent les palmarès, discutent, pérorent, affirment, vaticinent dans la caverne sans air de leurs gazettes sans lecteurs.

Pour ceux-là, pour les mauvais bergers du trop docile troupeau pyrénéiste, la présence du guide apparaît redoutable. Car le guide est un confident, un juge. Il voit, il entend. Il a tôt fait de bâtir une légende, d'édifier ou de ruiner une réputation. Quiconque veut se singulariser évitera ce compagnon bavard dont la parole franche compromettra le mensonge du vaniteux, disqualifiera l'insolent devant le public dégoûté du quarteron de blancs-becs qui, sous prétexte de célébrer les Pyrénées, se célèbrent eux-mêmes, — et comment !

De telles ascensions offrent des dangers. La plupart des accidents de montagne sont dus à l'absence du professionnel solide et brave dont le rôle n'est pas seulement de diriger, mais surtout d'instruire, de soigner. Bien rares les hommes capables de secouer sa tutelle, d'ailleurs légère. Entre l'alpiniste devenu virtuose par un effort de volonté persévérante et le montagnard-né qui accomplit naturellement une fonction naturelle, une distinction capitale s'impose.

Seul le second peut s'aventurer sans guide dans la haute montagne.

*
* *

L'alpiniste est, en effet, un citadin, un homme de la plaine. Il ne pratique ce sport que de façon intermittente, pendant quelques semaines, quelques mois, généralement en été. Il considère la montagne comme un champ d'expérience, ou d'entraînement, ou de bataille. Il l'aborde à une époque déterminée — la meilleure, — dans des conditions particulières — les meilleures. Il lui consacre un certain temps, pris sur ses vacances et, cela fait, reprend sa vie normale un moment interrompue.

A répéter fréquemment ce jeu, l'alpiniste, quand il est déjà doué par la nature, peut acquérir un ensemble de qualités suffisantes pour lui constituer une méthode personnelle. Il peut devenir un virtuose capable, à son tour, d'éduquer, de proposer à l'approbation une technique originale qui lui réussit.

Mais il reste, malgré sa science, un amateur, c'est-à-dire un homme qui exécute une tâche par amour, par goût et non par instinct. La montagne, objet de sa prédilection, n'est pas pour lui le séjour habituel, la patrie. Il ne l'a vue, étudiée, conquise que dans la fièvre de l'action. Il ne l'a pas réellement, complètement possédée. Il est celui qui paie, — et qui passe.

Le montagnard, au contraire, se sent chez lui dans ce domaine qui prolonge l'enclos de la maison paternelle tapie dans la vallée sombre, au bord du gave. Il s'y meut avec l'aisance d'un fils qui regagne le toit familial. Même si les nécessités le confinent dans les villes, loin de la montagne, il retrouve toujours, dans ces augustes solitudes, son vrai foyer. L'éloignement excite et ennoblit sa tendresse filiale. Les amitiés de rencontre, les relations de fortune, les amours fugaces n'altèrent point la piété qui lie le déraciné aux arbres de la forêt bruissante, aux rochers enfouis sous les rhododendrons cassants, à la cabane du pâtre dont le toit se hérisse de tulipes ou de bruyères. Le décor montagnard, gravé au fond de sa mémoire, demeure, en même temps qu'une belle image, le terme de comparaison qui maintient l'étiage de son goût devant les autres spectacles offerts à sa curiosité. Et la nature n'existe pour lui que dans la proportion où elle se rapproche ou s'écarte de son idéal.

Les montagnards-nés, quoi qu'ils fassent, restent toujours en communion avec la montagne. Ils peuvent donc sans danger, surtout quand ils sont groupés en équipes, renoncer à la collaboration du guide qui risquerait de les gêner dans leurs mouvements en leur imposant une méthode acquise au contact de touristes moyens dont il faut ménager les forces. Tout au plus utiliseront-ils les services d'un porteur, personnage neutre, sans initiative, et destiné seulement à pourvoir au ravitaillement. Si le guide n'est pas un camarade déjà éprouvé, capable de discuter un plan de campagne, ils préfèrent supprimer ce conseiller inutile et parfois prétentieux.

Les alpinistes, encore un coup, sont des amateurs. Ils commandent, ils veulent être servis. Ils n'ont pas la souplesse, la résignation, la patience des professionnels habitués à se tirer d'affaire eux-mêmes. Les montagnards en effet ne se contentent pas de savoir lire une carte, escalader une muraille, tailler des degrés dans la glace. Ils connaissent également l'art de s'orienter dans le brouillard, d'esquiver les mauvais pas, de bricoler un mulet, de ficeler un paquetage, de dresser une tente, d'allumer le feu, de cuire la soupe. En un mot, ils savent vivre là-haut, et ils y vivent le plus naturellement du monde.

La question du guide est donc pour eux secondaire. Pour les autres, elle est capitale, et les alpinistes les plus exercés qui entreprennent de longues tournées, surtout en Espagne, doivent toujours avoir avec eux un homme du pays apte à leur faciliter les tâches vulgaires dont dépend souvent le succès d'une expédition.

LES REFUGES EN HAUTE MONTAGNE

Chacun s'accorde à reconnaître l'utilité des refuges. Leur insuffisance a été maintes fois signalée. Cette question, qui préoccupe tous les fervents de la montagne, constitue, avec la question des guides, la base même du programme dont la réalisation peut seule attirer aux Pyrénées la clientèle des touristes. Elle est évidemment moins compliquée, car il est plus facile de construire des maisons que de former des hommes. Elle présente pourtant certaines difficultés d'exécution qui en ajournent la réalisation, si simple en apparence.

Les spécialistes qui assument la tâche délicate de désigner les emplacements favorables sont fatalement enclins à juger les choses d'après leurs convenances personnelles et à sacrifier les besoins de la foule, qu'ils ignorent et dédaignent. Les grands marcheurs, pour qui les joies de l'escalade ne commencent que dans la zone des neiges éternelles et qui considèrent le reste comme une préparation monotone et sans attrait, veulent toujours situer les refuges à des altitudes très élevées, au pied même des sommets. D'autre part, les marcheurs moyens qui désirent approcher la montagne sans se fatiguer, sans s'engager à fond et se réserver ainsi la faculté d'abandonner à la première alerte une entreprise estimée au-dessus de leurs forces, proposent des emplacements à la limite des forêts, dans les régions moyennes, faciles à atteindre, à pourvoir de matériel et de vivres.

Il apparaît, à mon expérience déjà vieille, que la vérité est à mi-chemin de ces deux solutions extrêmes.

La première combinaison, séduisante en effet, offre un précieux avantage. Elle place le touriste à pied d'œuvre, elle lui épargne l'ennui et la fatigue des montées et des descentes, elle lui permet, une fois installé là-haut, de consacrer tous ses loisirs à l'exploration méthodique des massifs qu'il peut escalader, mensurer, photographier, décrire pour sa satisfaction personnelle et notre édification. Mais cet avantage, dont seuls peuvent profiter quelques initiés — très rares et généralement pourvus d'un matériel qui les dispense d'avoir recours aux refuges — est racheté par de nombreux inconvénients : difficultés de construction à ces altitudes en des régions non desservies par des voies muletières, où les matériaux doivent être transportés d'en bas à dos d'hommes, absence de bois et d'eau potable, rigueur du climat, fréquence des tempêtes; bref, mille disgrâces propres à ruiner, dans un bref délai, le fragile édifice, d'ailleurs inconfortable et exigu.

En outre, il y a une considération qui prime tout. L'éloignement du refuge exige, dès le premier jour, une véritable ascension. Or, à quoi sert-il ? Précisément à *éviter* cette ascension, à *tromper* le touriste indécis, peureux, à le mener, sans qu'il s'en aperçoive, et le plus rapidement possible, dans un endroit aimable, joli, dont la grâce apéritive le mettra en appétit, lui suggérera l'envie de monter plus haut, vers les splendeurs devinées, proches, accessibles à ses nerfs détendus par une nuit de sommeil réparateur dans la sécurité du bon gîte, intime et chaud. Et même s'il ne tente pas l'aventure, s'il ne peut s'arracher de la couchette, n'aura-t-il pas vécu quelques heures d'extase véhémente en ce lieu si évocateur déjà ?

Imposez-lui au contraire, dès le début, sous prétexte de gagner quelques heures sur la journée du lendemain, une marche épuisante, pénible, à travers les éboulis et les névés de la *vraie* montagne, installez-le dans un abri étroit, incommode, glacial, au milieu d'un paysage impressionnant. Arrachez-le, à l'aube, de son lit de feuilles, mettez-lui un piolet dans la main et montrez-lui la cime. Vous verrez alors ce que répondra l'homme dépeigné, courbaturé, écœuré. Vous aurez beau lui assurer le succès certain, immédiat, lui représenter le petit effort nécessaire pour achever la tâche si bien commencée, rien ne prévaudra contre sa mauvaise humeur, sa fièvre, sa migraine. Pour avoir voulu brusquer le dénouement vous perdrez tout le béné-

fice de votre éloquence ; d'un ami vous aurez
fait un ennemi.

Les Pyrénées ne sont pas assez visitées, elles
prêtent trop — grâce à leur climat — à la pratique du camping pour que des refuges si haut
perchés rendent de réels services. Sans doute
nous avons tous plus ou moins souhaité, en certaines occasions, de trouver un gîte au milieu
du glacier où le brouillard nous avait surpris.
Mais ce sont là des ennuis inhérents à la nature
même du lieu, et celui qui les redoute n'a qu'à
rester chez lui.

Le public ne sait rien. Il s'abstient de marcher parce qu'il a peur, parce qu'il craint les
périls dramatisés à plaisir par les récits de
certains pyrénéistes. Mais il est plein de
bonne volonté. Il ne demande qu'à suivre les
gens sérieux, prudents, qui l'initieront progressivement à ce monde entrevu d'en bas, dans le
tumulte des fêtes. C'est à lui que sont destinés
les refuges.

Établissez-les donc dans des régions moyennes, accessibles, suffisamment pittoresques pour
constituer à elles seules un but de promenade
ou d'excursion. Ne vous hâtez pas de proposer
aux gens des entreprises supérieures à leurs
forces, qui s'ignorent. Laissez la montagne agir
lentement sur l'esprit, sur le cœur, sur les sens

des nouveaux venus. Au lieu de leur imposer, en invoquant une tradition surannée, telle ou telle ascension consacrée, mettez-les en état de voir, d'étudier, de comparer. Ils sont assez grands. Ils se décideront librement, sans contrainte. Ils deviendront des fervents du beau sport que vous voulez encourager, et qui, grâce aux abris habilement disséminés sur les points essentiels de la chaîne, retrouvera sa brillante clientèle d'autrefois.

LE PIOLET EN MONTAGNE

L'idée de couper une branche d'arbre et de l'utiliser comme un point d'appui propre à aider ou à rectifier la marche est certainement contemporaine des premiers âges de l'humanité. Le bâton de montagne employé par les bergers est l'aïeul vénérable et rude de la canne dont la béquille d'or ou d'argent brille aux doigts des citadins. Il suffit largement aux promeneurs qui se confinent dans les sentiers et ne dépassent pas la zone des forêts et des pâturages.

Mais, dès qu'on aborde les terrains fortement inclinés, les murailles abruptes, les glaciers crevassés, les couloirs d'éboulis, les corniches et les névés, bref la série infiniment variée des obstacles qui constituent l'attrait et le péril de la haute montagne, il importe d'avoir entre les mains un instrument plus perfectionné, mieux adapté à la nature du terrain.

L'alpinisme, devenu une science, a donc imaginé un engin simple et solide, joli comme un jouet, et qui répond victorieusement à toutes les exigences; car il est à la fois un point d'appui à la montée, un frein à la descente, une amarre sur les pentes, une sonde destinée à reconnaître les crevasses invisibles, et une hache capable de tailler des degrés dans la glace vive et la neige dure.

Le piolet réalise admirablement ces diverses conditions. Cette petite pioche si élégante, si légère, se compose d'une pointe et d'une panne. La pointe doit être assez forte pour ne pas s'ébrécher, et assez fine pour mordre la glace. La panne est munie d'un double biseau garni d'encoches à sa partie inférieure. Théoriquement le piolet aura les deux tiers de la taille de l'homme et devra rester en équilibre quand il sera tenu aux deux tiers de sa longueur. Le poids moyen est de 1,500 grammes. De nombreux modèles se recommandent au choix des spécialistes. Ils ne diffèrent que par des détails insignifiants.

*
**

A première vue, le piolet semble un instrument bien lourd, bien encombrant à côté du bâton de montagne si maniable. Les profanes, amusés d'abord, redoutent la pioche d'acier qui gêne leurs mouvements et risque d'éborgner les camarades. Mais l'initiation est rapide et la première expérience suffit à leur montrer les avantages de cet ingénieux outil dont ils ne veulent plus, désormais, se séparer.

Dès le départ, sur le chemin muletier, le piolet fait office de balancier. Il maintient l'équilibre du corps, assouplit l'allure et la rythme selon les exigences du terrain. Appliqué contre les reins ou placé en croix sur les épaules, il élargit la poitrine et augmente la capacité de la cage thoracique.

Cependant on abandonne le sentier. On attaque les premières pentes herbeuses, les éboulis inconsistants, les gros rochers semés en désordre. Il s'agit maintenant de chercher sa voie au milieu des obstacles. L'allure se ralentit, se divise, chacun travaillant pour soi, selon son instinct personnel. Parfois on est arrêté par une muraille. On la gravit à l'aide des mains, des coudes, des genoux, laissant pendre, au long de

la paroi, le piolet noué au poignet par une cor-
delette. L'escalade accomplie, on reprend aussitôt le précieux engin, qui retrouve son emploi
sur le glacier.

Il est couturé de crevasses profondes, ce glacier. Celles-là ne sont pas dangereuses, puisqu'on les voit, puisqu'on sent leur haleine froide.
Mais comment éviter les autres, les crevasses en
voie de formation, invisibles encore et prêtes à
s'entr'ouvrir ? C'est ici que le piolet joue son
rôle de sonde. La caravane, solidement encordée,
s'avance lentement à la suite du guide chef qui
tâte le terrain, comme un aveugle. En s'enfon-
çant jusqu'à la pioche, le piolet trahit la présence d'un vide, d'un gouffre recouvert d'un
mince et fragile pont de neige. Vite, il faut
battre en retraite, chercher ailleurs, sur la vaste
plaine neigeuse, un passage. On s'y applique en
gardant toujours la corde également tendue afin
d'éviter les à-coups.

Le glacier, plat au début, se redresse peu à
peu, montrant à nu sa cuirasse vitreuse. Il
devient nécessaire de tailler des gradins dans le
flanc dur de la redoutable paroi, dont l'inclinaison s'accentue à mesure qu'elle affleure le pic
sombre qui la domine et la menace. Cette tâche
éminemment délicate, incombe au guide chef. Elle
exige de la force, de l'habileté, de la patience,

du sang-froid, la pleine possession de soi-même. L'art de tailler des pas sur la glace constitue le dernier degré de la maîtrise. Quiconque n'est pas capable d'y exceller ne saurait jamais passer pour un bon montagnard. Il ne sera jamais qu'un bon élève...

A la descente, le piolet devient une amarre. Dans les marches de flanc, la pointe, solidement enfoncée, joue le rôle d'une ancre qu'on jette de loin en loin et qu'on déplace à mesure qu'on avance. Elle suffit à retenir le maladroit dont les pieds, mal assurés, glisseraient. Il faut évidemment l'assujettir fortement et la retirer par petites saccades brèves dès que le point d'appui est vérifié. Pour des touristes exercés, exempts de vertige, le piolet bien manié remplace avantageusement la corde, qui retarde la marche et paralyse les mouvements. Enfin les glissades le long des pentes vertigineuses deviennent, grâce à ce frein docile, un jeu passionnant et sans danger. C'est la seule fantaisie que se permettent, après vérification du terrain, les montagnards empressés de regagner, avant la tombée de la nuit, la petite tente dont la toile jaune, minuscule, fait tache sur la pelouse envahie déjà par l'ombre, au fond de la vallée.

Les multiples applications du piolet le rendent indispensable. Perfectionné par une longue suite d'expériences, il a gagné en souplesse, en légèreté, en élégance, sans rien perdre de sa force. Et il a complètement relégué au rang subalterne des accessoires le vieux bâton classique.

LA CORDE EN MONTAGNE

L'industrie humaine n'a mis entre les mains de l'alpiniste que deux outils : le piolet et la corde. Mais si le premier constitue une aide individuelle de tous les instants et d'un maniement simple, le second est une aide collective intermittente, d'un emploi très délicat, et dont il ne faut user qu'avec modération.

Les débutants sont portés à croire que la corde est une providence sans cesse en éveil, qui autorise, en les rendant inoffensives, les plus folles témérités. Il convient de ruiner ce préjugé funeste. La corde n'est pas une providence, elle est une sauvegarde destinée à multiplier les chances de succès, à diviser les risques. Grâce à elle, le bon marcheur fait bénéficier de son expérience les camarades plus faibles dont il corrige les maladresses ou les défaillances. Et l'idée seule qu'il peut compter sur le point d'appui des solides gaillards qui l'encadrent rassure l'inquiétude du néophyte incapable d'arriver par ses propres moyens.

La corde est utile tant que la collectivité se trouve en mesure de réparer immédiatement la faute d'un seul. Elle cesse de l'être — donc elle est dangereuse — lorsque, impuissante à la racheter, elle risque d'en devenir la victime. Toute la question consiste à connaître la limite exacte de son pouvoir et à quel moment précis la troupe devra, malgré les apparences, avoir le courage de renoncer à son emploi périlleux. Le problème, d'ailleurs, ne se pose guère que dans les cas exceptionnels, au cours d'ascensions accomplies avec des compagnons dont on connaît imparfaitement les capacités. Et c'est précisément pourquoi il importe d'y insister.

Mais s'il est bon de réagir contre l'abus de la corde, il est juste d'affirmer sa nécessité absolue en thèse générale.

Cette arme à deux tranchants permet de traverser collectivement des glaciers et de longer des pentes redressées. Sur le rocher elle sert à gravir individuellement des murailles et à gravir des cheminées.

La plus élémentaire prudence commande de

s'encorder avant d'aborder un glacier, *quel qu'il soit*. Même inutile, cette sage précaution constitue une sécurité morale. Elle ne retarde aucunement la manœuvre, elle l'accélère, la régularise, la simplifie, en la réduisant à un petit nombre de gestes, toujours pareils. Libéré de tout souci, déchargé de toute initiative au bénéfice du guide, seul responsable de la direction, chacun marche à sa distance, dans les mêmes traces, sagement, entraîné par celui qui le précède, talonné par celui qui le suit.

Quant aux crevasses, qui aux yeux des profanes constituent le principal, sinon l'unique danger, le grand alpiniste les considère comme des pièges grossiers, indignes de lui. Il les contourne respectueusement quand elles sont ouvertes ou à demi comblées et sait deviner à la consistance de la neige, à son aspect bleuâtre caractéristique, celles qui n'attendent qu'une occasion pour céder sous son poids et l'engloutir.

L'emploi de la corde, sur le rocher, est beaucoup plus complexe. Il faut, en effet, tenir compte de son inclinaison, de sa structure intime, de sa stabilité, de son état présent, qui varie selon la saison, selon l'heure. Une escalade presque verticale au long d'une impressionnante paroi granitique est moins redoutable, malgré son aspect rébarbatif, qu'une douce grimpette sur un calcaire lisse ou sur les lames, promptes à s'effriter, d'un schiste perfide, et la présence du verglas dans les aspérités généralement accueillantes peut rendre impossibles les « prises » les plus faciles. Alors interviendra l'instinct du montagnard.

L'écart normal de cinq mètres entre chaque grimpeur ne pourra être observé ici comme sur le glacier. La rapidité de la pente ne permettra plus à la collectivité, déjà mal assurée elle-même, de corriger les fautes d'un seul. Il s'agit maintenant d'une série d'efforts individuels, décisifs, indépendants de toute collaboration étrangère. Il faudra donc opter entre deux partis : renoncer à la corde si l'équipe est à l'abri de toute défaillance, ou l'employer individuellement pour ceux de ses membres qui pourraient s'en passer.

Alors le guide chef gagnera un point d'appui solide et large d'où il lancera la corde à ses compagnons qu'il hissera successivement. Cette manœuvre classique, indiquée par la prudence, n'offre qu'un inconvénient : celui d'attarder la colonne dans les mauvais passages où, à défaut du danger matériel de l'avalanche, rôde toujours le péril moral de l'énervement. A la descente, le guide expédiera de la même façon ses compagnons — en commençant par le porteur — et descendra le dernier en doublant la corde autour d'une saillie rocheuse dont il aura vérifié la solidité.

L'emploi de la corde dépend donc de la valeur et du nombre des touristes, de mille circonstances de fait et de lieu qu'il est malaisé de prévoir. Les grands alpinistes ont tous en cette matière leurs procédés, et je ne vous donne ici qu'une opinion personnelle dont le seul mérite est d'être basée sur une longue et dure expérience. A vrai dire, nous avons usé très rarement de la corde, qui nous paraissait généralement un secours suprême. Nous étions bien entraînés, très sûrs de nous-mêmes, très audacieux. Et nous voulions aller vite.

On n'est un vrai montagnard que du jour où l'on peut se passer presque complètement de la corde sur le rocher. Car son abus a provoqué autant de catastrophes que son oubli. Pour les débutants ou les touristes moyens, la corde demeure une sauvegarde matérielle et surtout morale de premier ordre. Et l'on ne doit jamais s'aventurer en haute montagne sans emporter, sur son sac, ce bout de chanvre qui, avec une épaisseur de 10 millimètres et un poids de 58 grammes au mètre, possède une résistance de 550 kilogrammes.

LES SPORTS D'HIVER

Un élément nouveau, purement sportif, semble devoir ramener la foule dans les centres balnéaires à une époque où, jadis, chacun se terrait au coin du feu. Je veux parler des sports d'hiver.

Ils sont actuellement en faveur. La mode souveraine les consacre et si jusqu'à ce jour elle a préconisé la Suisse c'est simplement parce qu'elle ignore les Pyrénées. Ils ont conquis Paris. A l'éventaire des boutiques élégantes, les passe-montagnes, les maillots et les souliers ferrés voisinent avec les sacs en cuir fauve, les plaids à carreaux, les guêtres de cuir. Chaussés de patins ou de skis, des mannequins gainés dans des jerseys collants et des culottes de velours côtelé dressent devant les badauds pataugeant dans la boue des silhouettes blanches poudrées d'une poussière de neige étincelant sous les lustres à facettes. Hommes et femmes arborent le teint rose, l'œil bleu, la bouche épanouie des poupées de cire. Cette vision éclatante et fausse met de la gaîté dans les rues sombres. Elle évoque les paysages lumineux, les ciels sereins, toute la grâce de l'hiver dont nous ne sentons ici que l'amertume. Manifestement les

LA PETITE TENTE POUR CAMPER SUR LES GLACIERS

SPORTS D'HIVER AUX EAUX-BONNES

jolies dames en arrêt devant les vitres troque-
raient avec joie le feutre empanaché contre la
toque ronde qui sied si bien aux jeunes visages
empourprés par l'air montagnard. Nul doute
qu'elles excellent aux finesses d'un sport si ai-
mablemement présenté, si amusant, si facile en
apparence. Et les messieurs, polis, approuvent.

Ainsi, l'image offerte aux passants para-
chève et illustre l'œuvre patiente des écrivains,
des spécialistes voués à la tâche ingrate de convaincre. Le couturier, la modiste, le bottier et
autres fournisseurs qui exploitent la vanité
féminine dont ils vivent, s'instituent nos auxiliaires, mieux encore, nos guides. Assurées
désormais de trouver un accoutrement simple
et « distingué » propre à affiner davantage
leurs formes déjà grêles, les mondaines séduites
tentent le jeu nouveau, ignoré naguère, prescrit maintenant. Elles regardent aujourd'hui les
Pyrénées, elles y viendront demain quand on
leur prouvera qu'on est en mesure de les recevoir.

Par leur nombre, leur variété, leur agrément,
les sports d'hiver méritent de s'inscrire définitivement au programme des désœuvrés en quête
de distractions. Enfin, en ramenant la vie dans
les petits coins de montagne jadis désertés, ils
tendent à modifier profondément les conditions

économiques de tant d'existences vouées jadis à l'inaction. Source de santé pour les citadins, de bien-être pour les montagnards, voilà plus qu'il n'en faut pour les recommander à la sympathie du public.

★
★ ★

Leur principal avantage, c'est leur extrême facilité d'abord. Ils n'exigent pas, comme l'alpinisme, une initiation, un entraînement, un matériel, la collaboration de guides experts. Ils ne comportent pas de risques sérieux, leur apprentissage se fait sur place, en famille. Encore que certains les aient élevés, par leur maîtrise, à la dignité d'un art, ils demeurent, pour la masse, des jeux. Il suffit de se rendre dans un centre hivernal quelconque — et toutes les stations pyrénéennes sont aménagées — pour trouver la gamme complète des combinaisons basées sur ces deux éléments essentiels, la glace et la neige.

Les sports de glace ne sont pas nécessairement sports de montagne. En revanche, les sports de neige sont exclusivement montagnards. C'est dire que leur champ d'action, loin d'être circonscrit au fond des vallées, est illimité comme la montagne elle-même. Le plus intéressant, le plus personnel d'entre eux — le ski — est

devenu l'auxiliaire indispensable de l'alpinisme,
dont il multiplie le pouvoir.

A lui seul le ski mériterait une étude complète. Il ne s'agit plus en effet d'un jouet
inventé par les riches pour exercer leur force et
leur adresse, il s'agit d'un outil, d'un instrument de travail imaginé par les pauvres pour
lutter contre l'isolement, contre la mort.

Cela, on ne le sait pas assez. Les exploits
accomplis par les virtuoses des concours ne
doivent pas nous faire oublier que ce simple et
robuste engin, si frêle en apparence, est avant
tout un mode de locomotion communément
employé dans les pays scandinaves à l'instar du
cheval ou de la bicyclette. Ces longues et minces
lamelles de frêne munies d'une attache en cuir
ne furent pas, d'abord, destinées aux ébats des
acrobates. Le ski, à proprement parler, est un
véhicule. Grâce à lui, l'homme qui enfoncerait
jusqu'aux genoux, jusqu'à la taille dans la
neige, se meut légèrement à la surface, où il
glisse d'un élan régulier et soutenu, sans fatigue,
avec plaisir. Or la neige n'est un agrément que
pour les étrangers qui passent. Elle est, pour les
paysans qui restent, une ennemie. Elle les
bloque dans leurs maisons, elle les isole du
monde, elle les condamne à l'oisiveté, à la souffrance, parfois à la faim. On comprend donc

qu'ils aient cherché à combattre la terrible
gêneuse. Le ski leur apporta la libération.

On a écrit des livres, de gros livres — en alle-
mand surtout — sur l'origine historique du
précieux engin. Les uns lui assignent comme
patrie les plateaux désolés de l'Altaï, les autres
les rivages de la mer de Behring. Ces querelles
importent peu. Un fait est certain : le ski est
acclimaté depuis un temps immémorial en
Scandinavie et en Finlande. Il appartient à la
mythologie. Les poèmes et les chants populaires
signalent, dès 980, la déesse du ski — Skade —
et le dieu du ski — Aller — lequel, aidé de son
frère Spidag, délivra Fraya retenue prisonnière
des géants dans les montagnes de Jotunheimen.
C'est grâce à la vitesse de leurs skis que les
trois fugitifs échappèrent à la poursuite de
leurs geôliers.

Pendant des siècles, l'usage du ski demeura
purement local, jusqu'au jour où Nansen réussit
son audacieuse traversée du Groënland, en 1886.
Alors l'attention du public se retourna vers l'incomparable instrument qui avait permis la réalisation d'un tel exploit et qui devait bientôt,
sous l'impulsion des Norvégiens, conquérir
l'Europe en commençant par l'Allemagne, la
Suisse et l'Italie, et en finissant — naturellement
— par la France.

Chez nous, c'est aux chasseurs alpins qu'incomba le soin d'expérimenter le ski, définitivement adopté par ce corps d'élite devenu, depuis la création de l'école, désormais célèbre, de Briançon, la pépinière des skieurs.

Les autres sports d'hiver sont, à vrai dire, des jeux collectifs. Je ne vous décrirai pas la fameuse luge de Davos, fille de l'antique « ferron », détrônée à son tour par la luge canadienne dont la première apparition en Suisse, aux courses de 1888, fut un triomphe. Je ne m'étendrai pas non plus sur cette autre importation américaine, le bobsleigh. Chacun sait que le « bob » se compose d'un châssis rembourré, long de trois mètres, supporté par deux luges dont la première, montée sur pivots, est munie d'un système de poulies et de cordes servant à la direction. On sait également qu'il porte à l'arrière un frein à râteau ou à scie manœuvré par le dernier des quatre ou six équipiers.

La vitesse moyenne, sur un long parcours, ne dépasse guère cinquante kilomètres à l'heure ; dans les lignes droites, elle atteint soixante-dix kilomètres. Les virages exigent une habileté consommée, car c'est d'eux que dépend, en général, la victoire. Les chutes sont nombreuses, mais l'épaisseur de la neige les rend inoffensives, et c'est au milieu des rires que se relèvent les victimes, prêtes d'ailleurs à prendre leur revanche.

La Suisse, patrie d'adoption, sinon d'origine, des sports d'hiver, possède, depuis longtemps déjà, un outillage modèle. Les pistes établies, selon une rigoureuse méthode, aux environs des grands centres comme Davos, Arosa, Saint-Moritz, Leysin, Montreux, se prêtent admirablement aux nombreuses compétitions entre amateurs venus de tous les points de l'Europe pour se disputer, devant un public attentif et passionné, les trophées promis aux vainqueurs de ces luttes ardentes.

*
* *

Il semble que les stations pyrénéennes commencent à comprendre les bienfaits d'une telle organisation. Elles ont aussi les moyens de recevoir et d'attirer la clientèle, et si la haute montagne, privée de refuges, demeure en hiver d'un accès particulièrement dangereux pour les profanes, en revanche la neige qui couvre les pentes inférieures offre aux curieux mille sujets de divertissement. Je dirai même plus. On reproche généralement aux Pyrénées l'exiguïté de leurs glaciers. Ils sont, en effet, situés trop haut, hors des voies familières aux promeneurs, ils ne descendent pas vers le citadin, pour le tenter. En hiver, la neige est aux portes mêmes de la ville, et l'alpinisme, naguère réservé aux grands marcheurs bien équipés, devient un jeu passionnant et sans péril, permis à tous.

Nulle raison ne s'oppose donc à ce que la saison hivernale prolonge la saison d'été. Le succès qui accueillit les premières tentatives autorise les plus légitimes espoirs. Une ère nouvelle paraît s'annoncer, riche de compensations. Déconcertés au début par l'engin nouveau dont les virtuoses leur montrent depuis quelques années le maniement, les montagnards défiants finiront par l'adopter quand ils en auront apprécié les merveilleux effets. Inoccupés pendant l'hiver, les paysans se constitueront bientôt en équipes que le désir de triompher rendra redoutables. Ceux que leurs aptitudes ne désignent pas au rôle de champions gagneront de bonnes journées en accompagnant, comme guides, les touristes. La vie rayonnera, plus intense, dans les villages réveillés par le passage des caravanes. Certains prévoient le jour où le ski de Norvège deviendra un accessoire de la vie locale aussi indispensable que les sabots et les souliers ferrés. C'est l'opinion d'une des personnalités pyrénéennes les plus éminentes, le docteur

Germès, qui, en sa qualité d'ancien chasseur alpin, est un maître skieur.

Les sports d'hiver sont actuellement à la mode. Que les stations pyrénéennes profitent de ce mouvement. Qu'elles mettent tout en œuvre pour le maintenir, le consacrer officiellement, qu'elles s'inspirent des exemples de la Suisse. Elles possèdent la montagne, la neige. Il leur manque encore les installations perfectionnées. Mais ces choses-là sont des accessoires. On se les procure quand on est convaincu de leur utilité. Le branle est donné. Les Pyrénées se réveillent. Saluons ce réveil.

SEPTEMBRE

Certains prétendent que la haute montagne est inabordable en septembre. Ils se trompent.

Sans doute, la brièveté des jours, la fraîcheur des nuits restreignent les longues randonnées accomplies en pays inconnu, et la difficulté des ascensions augmente en raison des crevasses ouvertes, des glaciers dépouillés de neige et qui montrent à nu leur glace dure, réfractaire à l'entaille du piolet. Mais ces légères disgrâces sont les seules dont nous afflige ce mois aimable entre tous, tempéré, d'humeur égale, qui allie d'une façon si harmonieuse les derniers sourires de l'été finissant avec la mélancolie, banale d'avoir été trop célébrée, mais indicible quand même, de l'automne.

Et c'est pourquoi septembre, aux Pyrénées, reste le mois préféré des grimpeurs, libérés, au surplus des obligations sentimentales ou mondaines qui pendant la saison les forcèrent à sacrifier parfois, pour des grâces féminines plus accessibles et plus directement émouvantes, les attraits plus austères et moins humains des cimes.

L'été est, en effet, un violent, un brutal, qui énerve, qui anéantit. Son éclat dur efface les nuances, il nous aveugle par sa trop vive clarté, il détruit en nous la faculté de réagir contre l'écrasant et monotone décor, d'en saisir l'harmonie auguste. Grâce à lui, nous perdons de vue les rapports qui unissent les choses, nous cessons d'être des personnalités pour devenir des bêtes altérées soumises à mille misères physiologiques humiliantes.

L'automne nous rend la conscience de nous-mêmes. Il nous remet en communication étroite avec la nature, c'est-à-dire avec la norme. Comme elle, nous absorbons avidement les derniers rayons du soleil, comme elle nous emmagasinons la chaleur divine qui nous garantira des froids de l'hiver. Pareils à Iphigénie, nous redoutons de ne plus voir la douce lumière ; nous refusons de mourir. L'automne est une halte, une trêve.

Rien n'égale le charme ineffable, à la fois sauvage et délicat, dont se pare, alors, la haute montagne. Il me suffit pour l'éprouver à nouveau devant cette table, d'évoquer l'image toujours présente de celui qui mourut de l'avoir trop tendrement chérie. Marcel Spont adorait, lui aussi, les heures exquises de l'été déclinant. Ce rude et silencieux lutteur, rompu à toutes les finesses de son art, était également un rêveur tendre, habile à extraire la part d'émotion enclose dans le moindre objet de l'univers. En cet être complet, le goût de l'action violente, favorisé par une exceptionnelle vigueur physique, s'alliait le plus heureusement du monde au don de sentir qui, plus encore que l'intelligence, confère aux hommes la dignité. Septembre offrait une ample pâture à sa charmante sensibilité.

Après les longues expéditions à travers les massifs lointains, il nous plaisait d'installer notre camp en tel paysage familier, dont les arbres étaient nos amis. Espingo nous semblait l'asile le plus discret, le plus sûr. Là, nous cultivions nos vieux souvenirs d'enfance et de jeunesse ; là, nous dressions le bilan de nos joies. Nous prenions alors possession de cette belle

nature ardente et mélancolique si souvent par-
courue à la charge, dans le fracas du tonnerre,
sous la cape humide du brouillard. C'est à pas
plus lents, avec un cœur plus serein, des yeux
plus calmes que nous franchissions l'auguste
seuil délabré. L'automne, là-haut, est tragique
vraiment. Un vent plus frais courbe l'herbe
drue, coupante, roussie; les racines des rhododendrons crucifiés aux granits craquent sous
les bottes ferrées, les iris décolorés pendent au
bout de leur tige sèche, les œillets sauvages, qui
embaumaient jadis, ont perdu leur parfum.
Libérés des neiges étincelantes qui les paraient,
les glaciers exhibent leurs flancs gris, souillés
par les avalanches de pierres, pareils à des
blessures qui ne saigneraient pas. Et les lacs,
naguère encombrés de banquises flottantes, ne
sont plus que des cuves sinistres dont l'eau trouble ne reflète plus ni les nuages du ciel ni les
visages des hommes.

Pour bien sentir la montagne pyrénéenne, il
faut la voir en septembre. Les journées sont
plus courtes, les nuits plus froides, certes. En
revanche, mille facilités incompatibles avec
l'encombrement du mois d'août s'offrent à la

clientèle plus rare, donc mieux traitée. A bon compte le malade peut achever sa cure plus étroitement surveillée par le médecin disposant de loisirs. Redevenus disponibles, les guides sont prêts à endosser le gilet écarlate, la veste de velours où brille la plaque du Club Alpin qui consacre leur savoir, à reprendre le piolet d'acier abandonné pour la hache pesante experte à entailler le tronc des sapins dans la forêt hantée maintenant par les ours au poil fauve.

Les distractions mondaines s'épuisent. Mais il est intéressant d'observer comment la vie locale reprend son rythme interrompu par la fièvre de la « saison ». Dans les sentiers ravinés on entend grincer les roues des grands chars. On voit passer des longues caravanes d'Espagnols qui s'en vont, le sombrero sur l'oreille et la guitare dans les doigts, louer leurs services aux vendangeurs de notre Midi. Pendant quelques jours, l'orchestre égrènera sous son kiosque entouré de chaises inoccupées ses mélodies grêles emportées par la brise. Guignol est déjà parti, emmenant sa troupe de joyeux fantoches. Ils reviendront l'année prochaine, avec les autres.

Mais la montagne reste, la montagne des rêveurs, des poètes, la belle et triste et resplendissante montagne qui demain, sous la neige, sera sans couleurs, comme morte.

LES FEMMES ET LA MONTAGNE

L'alpinisme est, à proprement parler, un sport masculin. On compte, on admire les femmes capables d'en affronter les fatigues et les risques. Mais il y a des degrés en tout. Rude à qui veut la conquérir, la montagne accueille quiconque l'interroge gentiment. Elle ne distingue pas, elle répond aux uns comme aux autres. Pourquoi les femmes, naturellement curieuses, tenues par leur condition même éloignées de la nature, ne s'approcheraient-elles pas?

Des expériences nous ont édifié. La plus importante mérite d'être contée à cause de la leçon qui s'en dégage.

Nous avions choisi comme lieu de camping le lac d'Espingo, situé à six heures de Luchon, à la limite extrême des forêts, à mi-chemin entre les paysages classiques, banals, et les régions désertes, familières aux seuls grimpeurs. Ce décor aimable et sévère est caractéristique. Le lac n'occupe qu'une faible partie du plateau parsemé de maigres sapins, sillonné de ruisseaux jaseurs et que dominent de hauts escarpements.

La vue, arrêtée au sud par les gradins neigeux du port d'Oo, se perd, au nord, sur les plaines de France, par delà les croupes arrondies du Larboust et de l'Oueil. Le Quaïrat trapu hérisse toutes les pointes de son dos puissant comme s'il se cramponnait à la crête pour se retenir de tomber. On se rassure en contemplant la flèche gracieuse du Montarqué, le glacier bombé du Ceil de la Baque, un bout d'épaule du Perdighero, qui dépasse. Un tel spectacle est fait pour charmer, pour émouvoir.

Donc, un beau matin, à l'aube, la caravane s'ébranla.

*
* *

Les bergers aragonais, occupés à broyer le sel sur un granit rugueux, ne marquèrent nulle surprise quand les rires des jeunes filles ravies éveillèrent tout à coup les échos. A peine si la promesse de quelques pesetas les décida à charger sur les bateaux pliants l'imposant matériel que huit chevaux, recrutés au village d'Oo, avaient transporté, sans encombre sinon sans peine, au long du sentier rocailleux rafistolé pour la circonstance. Avant midi, la caravane complète, composée de trente-cinq personnes, était réunie en petits groupes sur la rive occidentale du lac.

Le pique-nique fut joyeux comme il convenait. Il ne ressemblait guère évidemment aux casse-croûte que les montagnards sérieux s'accordent de loin en loin, au cours de leurs dures randonnées, quand les forces manifestement défaillent. Il comportait un menu dont l'abondance et la variété nous eussent mal préparés à des besognes rudes. Mais nous n'avons pas cru manquer au respect dû à la montagne en savourant, une fois par hasard, des friandises. Il faut bien que les enfants s'amusent.

Il nous plaisait de voir le réflexe de cette nature si souvent contemplée dans l'angoisse ou la fatigue s'inscrire en émotion tendre, en trouble peureux, en joie gamine, sur des visages de femmes dépoudrées. Quelles jouissances délicates, quels enseignements profonds n'avons-nous pas tirés, pour notre plaisir égoïste, des réflexions, des silences provoqués par une situation si nouvelle ! La sensibilité, la grâce, la crainte, la pudeur, l'enfantillage, toute la mentalité féminine si attachante en raison de son obscurité, de sa mobilité, de son uniformité, se montrait librement dans un épanouissement heureux et candide.

Car les attitudes ne se modifient pas seules

au contact du dehors, les esprits aussi se transforment, se simplifient, s'élargissent, se dénudent
du vêtement traditionnel imposé par les convenances. Aucun code de savoir-vivre n'indique la
façon d'enjamber un rocher, de gravir un talus,
de donner à un « cavalier » prévenant une main
crispée par la peur ou le désir. La coquetterie,
noyée dans la fatigue ou l'émotion, ne corrige
plus la disgrâce d'un geste instinctif, d'un mot
impatient arraché aux lèvres sèches.

Ainsi les paroles perdent leur signification
rituelle, deviennent des exclamations vraies, des
cris sincères, et les tempéraments se dévoilent,
comme les figures, aux chauds rayons.

La diversité des caractères allait en s'accen-
tuant au cours de la journée féconde en enchan-
tements. Quand le cône d'ombre projeté
par le pic voisin atteignit la petite troupe dis-
persée, quand monta des vallées bleues la brise
avant-courrière des fraîcheurs nocturnes, il sembla que les cœurs se plissaient tout à coup,
comme l'eau. La hâte de se lever, de fuir le paradis déserté par le soleil pour s'enfermer à l'abri
des toiles — jugées insuffisantes la veille — marqua combien les hommes ont gardé, à travers
les siècles, la terreur de la nuit. Les brasiers
allumés par les guides dissipèrent l'angoisse du
crépuscule. La bravoure des plus intrépides

LE LAC D'ESPINGO (1.875ᵐ)

EN CANOT SUR LES BANQUISES DU LAC DU PORTILLON
(2.650ᵐ)

s'exerça, hors du cercle lumineux, en des promenades écourtées par la crainte, gentiment absurde, des animaux inoffensifs, mais si vilains, que l'imagination féminine s'acharne à croire issus de terre pour nous effrayer. Quelques-unes, emportées par le désir de nous étonner, affirmèrent avoir dû requérir l'aide de leur compagnon — un danseur souvent plus effarouché qu'elles-mêmes — pour secouer les grenouilles et les crapauds collés à la bure de leurs jupes courtes. Et notre indulgence n'essaya pas, ce soir-là, de démontrer aux poltronnes que toutes les bêtes de la création sont également respectables et que c'est notre faute si nous ne percevons pas également la beauté de toutes.

D'ailleurs, le spectacle de ces douze bûchers crépitants avait de quoi frapper les regards habitués à la fixité muette des lumières électriques.

Le cirque, naguère si vaste, si riche de détails, s'était rétréci, simplifié, réduit à une muraille sombre. Il n'y avait plus maintenant de rochers, plus de forêts, plus de glaciers. Il n'y avait plus sous le ciel obscur qu'un troupeau d'êtres falots, aux silhouettes romantiques, à demi rieurs, à demi sérieux, frissonnant dans leurs plaids devant les bûches vivantes. Ces citadins accoutumés aux soleils factices qui prolongent sans interruption la vie fiévreuse de Paris, sentaient jusqu'à la souffrance le mystère des ténèbres qui, jadis, groupait auprès du feu les premiers hommes poursuivis par les bêtes en arrêt devant la flamme redoutée. Plus d'une, en croquant les gâteaux salés du dessert, devinait l'angoisse des nuits glacées à quoi le délire des escalades expose le courage des montagnards. On se rendait compte, on se rassurait de nous savoir là, comme des hôtes de bonne compagnie qui savent faire les honneurs et dont la présence conjure le danger possible, quoique peu probable.

Du reste, on dormit peu, d'un sommeil gêné par le grondement des cascades, la clochette des moutons, hanté par la peur instinctive des solitudes qu'on affronterait le lendemain.

*
* *

Quelques paroles brèves, prononcées à l'aube, au moment où le thé fumait dans les gobelets, avertissaient la troupe de la rude étape nécessaire pour atteindre le lac glacé du Portillon où nous avions résolu de conduire les plus vaillantes. Les difficultés de l'entreprise, exagérées à dessein par mesure de prudence, ne détournèrent personne de ce séduisant projet. Un paysage polaire à quelques heures de Luchon, des icebergs, des banquises, il y avait là de quoi tenter des imaginations jeunes, déjà en appétit. Pour assurer le succès nous n'hésitions pas à décréter des mesures énergiques. Nous préconisions la formation de petites équipes, sous la conduite d'un guide chargé d'entraîner son monde lentement, sans à-coup. Nous défendions de boire, de s'arrêter à tout propos, de quitter la trace, nous demandions de suspendre les conversations, les rires.

On accepta docilement nos avis, exprimés sans ambage, avec une douceur ferme. Il nous plut de constater l'utilité de la discipline, de la méthode qui seules harmonisent en beauté notre existence si brève et si tourmentée. Il nous parut profitable d'exercer une fois de plus, pour une bonne cause, un prestige basé sur une longue pratique. Ce nous fut une occasion d'apprécier directement, instantanément, la mise en pratique de nos théories personnelles, inscrites d'ordinaire en des phrases de livres ou de journaux, impuissantes à convaincre le public qui lit peu et répugne à comprendre avant d'avoir vu. Aucun doute ne subsiste plus désormais dans notre esprit sur la persistance de l'instinct qui ramène vers la nature les foules énervées par la vie factice des cités.

Les équipes s'égrenèrent rapidement. Bientôt les éboulis qui dominent le lac Saousat frémirent sous les pas mal assurés des marcheuses promptes à rectifier la position. Elles furent assez longtemps avant de régler leur souffle, de manier convenablement le bâton. Peu à peu, à mesure qu'on s'élevait, des perspectives plus étendues enchantaient leurs regards, cependant que leurs poitrines se gonflaient d'une brise plus fraîche. La marche, si pénible au début, devenait indifférente, agréable même à cause de sa récompense immédiate. L'envie de monter plus haut, d'atteindre et de dépasser les murailles abruptes, de contempler les mystères encore cachés, décuplait les énergies que le même effort accompli sans l'appât de l'inconnu aurait brisées. Tout en butant contre les rochers, elles comprenaient que les joies se paient et que les choses obéissent à notre volonté, non à nos désirs. Salutaire leçon pour des jeunes filles trop tentées de croire à la toute-puissance du sourire, du caprice, de la fantaisie.

Cependant, on parvint au lac du Portillon. Ce que chacun admirait, d'abord, ce n'était pas tant le paysage en soi — si imprévu, si magnifiquement sublime — c'était surtout l'effort personnel, inusité, qu'il consacrait. Il était vraiment un trésor conquis à la sueur des fronts. Quand la sieste et le goûter eurent détendu les nerfs et calmé les appétits, quand on put se ressaisir enfin, on constata qu'il réalisait, et bien au delà, la promesse vantée par nous comme une prime au courage. On le considéra de sang-froid, on l'estima, on le compara. Cette ceinture de glaciers fendillés et bleuâtres, ces pics noirs, aigus, ces banquises errant au gré du vent sur l'eau laiteuse, couleur d'opale, personne n'avait jamais rien vu d'approchant. Quel silence, quel recueillement, quel arrêt dans la vie ! Comme le soleil pyrénéen tapait dur sur les larges dalles chaudes, quel air vif et léger, quel ciel implacable ! Joie de voir, de sentir, de respirer, de vivre ! Joie si douce d'avoir été conquise sur notre absurde et criminelle paresse !

Aussi quand il fallut donner le signal du départ il y eut un moment de révolte, le seul, marqué par les cris que jettent les femmes quand elles aiment : « Encore ! Encore » ! Là nous dûmes montrer de l'énergie pour briser le beau rêve, invoquer le témoignage de la montre dont les aiguilles tournaient quand même. La descente s'effectua lentement, sans bruit. A chaque instant on se retournait pour contempler une dernière fois le spectacle. Les glaciers disparurent derrière la muraille. Alors on reposa ses regards brûlés par l'éclat des neiges sur la verdure tendre des prairies, les croupes brunes des montagnes, les vallées profondes.

On ne pouvait se résoudre à descendre, à sombrer dans les ténèbres.

On faisait halte au bord des torrents, on jouissait de se laisser choir parmi les touffes de rhododendrons, de plonger ses bras nus dans l'eau lustrale, de suivre le vol des papillons, les promenades des scarabées à la cuirasse d'or, des fourmis pressées, des bestioles innombrables qui vivent sous les pierres, dans le tronc des arbres, au sein de cette nature que notre ignorance croit morte. Nous dûmes intervenir pour stimuler les retardataires, cueilleuses de fleurs émerveillées par le parfum des œillets sauvages, les clochettes des gentianes. Affranchies de la peur, elles se vengeaient maintenant d'avoir subi si docilement le joug de notre autorité, inutile désormais ; elles narguaient gentiment l'homme dont elles n'avaient plus besoin, en attendant de lui redemander son appui. Il nous plaisait de les voir si contentes, si rassurées sur leurs propres ressources. Car nous n'étions ici que des intermédiaires.

Il était bien tard quand nous regagnâmes le campement d'Espingo, où chacun se rua, séduit par la perspective d'un lunch. Une heure à peine nous restait pour savourer les suprêmes clartés

d'un beau jour déjà déclinant. Il fallait démonter les tentes, rouler les couvertures, charger le
matériel au milieu des flâneurs qui demandaient
grâce, qui voulaient rester encore. Nous avions
bien prévu qu'on souhaiterait de passer une
seconde nuit, nous savions que le prestige de
la montagne s'exercerait lentement. Ces protes-
tations, loin de nous choquer, nous réjouissaient.
Elles attestaient le succès.

*
* *

La montée du ressaut qui borde au nord le
bassin lacustre d'Espingo sembla pénible aux
petites jambes si voluptueusement détendues
dans l'herbe.

On s'arrêta longuement au col, devant le
cirque éblouissant dont on voulait emporter
l'image totale. On se souciait médiocrement de
revenir vers les lumières. Le lac d'Oo était
envahi déjà par l'ombre quand la troupe vaga-
bonde franchit le dernier défilé ; la nuit était
complète quand elle atteignit les granges d'As-
tau, où les chevaux mâchaient leurs mors.

La fatigue triomphait des impatiences légiti-
mées par la lenteur des hommes réduits à placer
les paquetages sur les carrioles, dans l'obscurité, parmi les lanternes promenées à bout de

bras. Assises devant l'auberge, enroulées dans leurs châles, les promeneuses tâtaient leurs joues brûlantes, inquiètes du coup de soleil certain, mais glorieux. Sans force, abandonnées à la délicieuse torpeur et rêvant aux draps parfumés de lavande, elles s'amusaient des cris, des jurons proférés dans les ténèbres tragiques par des gaillards invisibles.

On se casa tant bien que mal dans les douze voitures qui partirent au pas. A chaque instant, il fallait s'arrêter pour laisser passer un troupeau de vaches ; on apercevait des naseaux fumants, des grands yeux terrifiés ; on entendait les imprécations du pâtre espagnol, mécontent d'avoir à fouailler ses bêtes paisibles. Quand on parvint à Luchon, on eut toutes les peines du monde à réveiller les dormeuses.

Le lendemain matin, on se retrouva aux Quinconces. On se serra les mains comme au retour d'un long voyage. On n'avait cependant passé que deux jours là-haut et une nuit. Mais que d'impressions neuves, fortes, pures !

Ah ! comme elles ont tort celles qui se défient, celles qui n'osent pas, celles qui se privent de ces amusements sous prétexte qu'un effort est nécessaire pour les conquérir !

CONCLUSION

Il faut conclure. Je viens de relire ces pages. Sans doute vous apparaîtront-elles confuses, mal composées. Je crains d'avoir imparfaitement rempli mon dessein. Il était difficile à réaliser, parce que double, formé d'objets différents, conciliables seulement dans l'unité d'un talent sobre, ferme, parvenu à la pleine maîtrise. Deux hommes eussent été nécessaires ici : un chroniqueur armé de documents, pour expliquer ; un poète pourvu d'éloquence, pour convaincre. Car il y avait deux ordres d'idées à poursuivre : d'une part, les Pyrénées en soi, c'est-à-dire une région célèbre, classique, visitée par des milliers de touristes et dont je voulais montrer le caractère particulier qui échappe généralement, faute de mise au point, à la majorité de la clientèle ; d'autre part, la montagne pyrénéenne, c'est-à-dire une terre à peu près inconnue, parée d'une redoutable et charmante splendeur, et que peu de gens, même parmi ceux qui l'approchèrent, ont pu voir et décrire dans son auguste réalité.

Ai-je réussi dans une entreprise qu'une connaissance trop approfondie du sujet rendait malaisée à un indéfectible enthousiasme?

Du moins j'ai écrit en toute liberté, sans demander conseil à personne, sans consulter mes carnets d'ascensions, un livre de bonne foi, rapide, âpre par moments, mais sincère. Un écrivain professionnel ne s'illusionne pas sur la portée de son œuvre. Il est quitte envers elle quand, après l'avoir parée de son mieux, il l'abandonne à son destin. Ce livre ne modifiera pas des habitudes basées sur une longue tradition. Il ne réformera ni la mentalité du public ni celle des indigènes. Je souhaiterais seulement qu'il rendît service à ceux qui passent et à ceux qui restent, qu'il attirât l'attention sur un des coins les plus beaux de notre France. Si la mode peut seule créer un grand mouvement, il reste encore, grâce à Dieu, des esprits indépendants, curieux, sensibles au langage désintéressé de la raison. Que ceux-là comprennent, que ceux-là se laissent convertir. La pénitence est douce. Et quelles joies en échange!

D'ailleurs, la vraie raison qui écarte la foule de la haute montagne, ce n'est pas les distractions offertes par les stations thermales, c'est l'ignorance des merveilles cachées, dont on ne parle jamais. On reste en bas non parce qu'on s'y amuse follement, mais parce qu'on ne croit pas possible de se divertir là-haut. Vous êtes édifiés, désormais. Et si vous ne voulez ou ne pouvez goûter à ces plaisirs, vous comprendrez du moins l'invicible attrait qu'exerce la montagne — c'est-à-dire la nature — sur ses fervents.

*
* *

Il existe en effet une petite catégorie d'individus qui ne se contentent pas des apparences, qui veulent voir, toucher, sentir, substituer à la volupté passive de la contemplation la jouissance active de la conquête. La vue des sommets, loin de les satisfaire, les exalte. Entre la ville parée qui les appelle en bas et la montagne nue qui les attire en haut, ils n'hésitent pas. Et ne leur parlez point des mille obstacles dressés devant leur pas, des crevasses béantes, des avalanches prêtes à se détacher sous le fer de leurs bottes. N'évoquez point le spectre affolant de la peur, de la fatigue, du vertige. Ils savent qu'on peut souffrir de la faim, de la soif, se perdre dans le brouillard, glisser, tomber, buter, se fracasser le crâne contre les durs cailloux, mourir de froid sous la tourmente de neige. Mais ils savent aussi qu'on peut vivre, et de quelle vie ardente, simple et pure.

On leur reproche parfois — dans leur propre intérêt d'ailleurs — de rechercher le danger ; mais outre que le danger est un état tout relatif et dépendant bien plus de l'habileté du touriste que du terrain lui-même, il apparaît le stimulant nécessaire de l'effort, l'élément indispensable pour provoquer le courage, la décision, le sang-froid, c'est-à-dire la réaction de l'organisme aux prises avec les difficultés qu'il doit surmonter séance tenante. Et il est aussi la sauvegarde de l'indépendance, il est la barrière naturelle qui arrête sans écriteau, sans gendarmes, les curieux, ces maraudeurs toujours à l'affût.

« Le public n'entre pas ici », proclame le vent tourbillonnant autour des crêtes.

« Il y a des pièges à loups ! » souffle l'haleine glacée des crevasses.

« Propriété gardée ! » affirment entre leurs dents pointues les moraines plantées dans la gueule des glaciers.

Et les bouleaux agitent leurs feuilles tendres, comme pour avertir, et les bruyères frémissent, et l'herbe vibre, et les pins noirs, qui sont en deuil, s'inclinent lentement. Et tout ce monde-là se met à parler.

— Ne monte pas, redescends vite chez toi, va rejoindre ceux qui t'aiment et qui, à cette heure sans doute, interrogent le ciel. Prends garde. Ici, c'est sérieux. On a beau être brave et décidé, il faut savoir. D'autres plus forts, plus malins que toi, ont péri pour un geste, un petit geste d'enfant qu'ils auraient oublié si la montagne impitoyable ne l'avait aussitôt châtié. Prends garde. Personne n'est chez soi ici, pas même le berger que tu prends, parce qu'il est immobile, pour un rocher, pas même nous qui mourrons, comme toi, quand viendra l'heure. Aujourd'hui, ce lieu semble un paradis, à cause du ciel pur, de l'air léger, des oiseaux qui chantent, des fleurs qui embaument, des sources qui murmurent. L'aubaine est rare, aussi chacun se hâte. Ne te fie pas à ce calme trompeur. Un coup de vent venu on ne sait d'où, un nuage qui en appelle d'autres, et la face des choses est changée. Prends garde alors. La grêle va cingler ta face, éteindre ta pipe, te jeter à terre, la pluie battra ta pèlerine alourdie, ruissellera le long de tes jambes mal protégées par un vêtement dont ta mère ou ta femme choisirent, à cause de sa couleur, l'étoffe. La tourmente passée, c'est le soleil qui brûlera tes yeux, écaillera ta peau, cuira ta tête sous le feutre rabattu. Déjà ta gorge est sèche. Que tu boives, et te voilà aussitôt immobilisé par une barre dans l'estomac, au moment même où surgit la muraille en surplomb, la corniche étroite, le glacier blême. Prends garde. Pendant qu'il en est temps encore, retourne à ta maison, à ton champ. Laisse-nous. »

Ainsi s'exprime par toutes ses voix, par tous ses silences, la haute montagne farouche et désolée.

Les hommes s'inclinent. La seule annonce du danger opère une sélection. La plupart s'abstiennent. Quelques-uns, désireux de se procurer à bon compte des émotions fortes, se groupent en sociétés, en caravanes, sous la conduite d'un malin, qui parle. Ces modernes pèlerins se reconnaissent à l'insigne qui orne leurs boutonnières, au vacarme qu'ils déchaînent dans les gares, les hôtelleries, les auberges, aux prétentions qu'ils élèvent contre les tarifs en vigueur. Chaque été ils reviennent gentiment, sagement, se livrent à des expéditions moyennes, de tout repos, longuement étudiées d'avance et agrémentées de fins dîners, de joyeux pique-niques, voire de banquets dans une vaste salle fleurie de drapeaux. En ces agapes, qui constituent au fond la grande affaire, le président donne la parole au vice-président qui la donne au secrétaire général, lequel engage vivement le rap-

porteur à discourir. Ce dernier, après s'être
excusé de son indignité, lit les télégrammes des
absents — toujours désolés, marris, les absents
— rend un hommage ému aux vaillants col-
lègues qui se préparent à lui retourner le com-
pliment, et s'attire l'approbation du beau sexe
en célébrant — avec l'accent de Toulouse — le
mérite de celles dont la beauté, la grâce et l'en-
jouement ont illustré cette fête amicale. Et les
dames sont si contentes de se voir ainsi jugées à
leur valeur qu'elles rougiraient, si le soleil
n'avait pris soin, une fois pour toutes, de colo-
rer, malgré les crèmes et les poudres, leurs
joues.

Cependant la montagne, méprisée par les uns,
ridiculisée par les autres, convertit un petit
nombre de solitaires qui, l'aimant comme une
personne véritable, l'identifiant avec leur idéal
nettement formulé désormais, vouent, non pas
à sa conquête passagère mais à sa possession
permanente, toutes les forces de leur fidèle
piété.

Ils ont commencé, comme les autres, à lever
les yeux ; comme les autres, ils ont senti gron-
der le désir. Ils ont monté, ils ont vu.

Mais au lieu de redescendre avec la troupe lorsque les guides, préoccupés de l'absinthe quotidienne, ont annoncé l'heure de la retraite, ils sont restés, estimant que la nature n'est pas un musée ouvert seulement pendant le jour. Ils sont restés, fiers d'abord de leur audace qui les singularisait aux regards de la foule, un peu effrayés ensuite devant les conséquences d'une folie difficilement réparable. Ils ont interrogé l'horizon, ils ont deviné, à un mince fil de fumée, une cabane dont le toit de mousses se confondait avec le paysage environnant. Ils ont aperçu une silhouette brune, ils sont allés vers le berger qui leur tendit la main, leur montra sous les poutres noircies les pierres plates du foyer où se consumaient les cendres, le lit de bruyères qui remplaçait pour lui, de la Saint-Jean à la Toussaint, les gros draps de la maison paternelle, tapie là-bas, au bord du gave, près de l'église. De ce que cet homme pouvait vivre, allégrement, pendant des mois, dans le désert, ils ont conclu qu'il ne leur était pas défendu, à eux, de partager sa vie rude.

Alors, malgré la répugnance à mordre le pain noir, à tremper les lèvres dans la soupe épaisse, à boire le vin râpeux qui racle le gosier, malgré les courants d'air sifflant entre les dalles disjointes, malgré l'odeur de suint, de cuir, de fumée planant entre les murs de l'étroit abri, malgré les mille disgrâces si sensibles au raffinement du citadin, ils ont mangé, ils ont bu, ils ont tenté de reposer. Et l'auguste nuit est descendue sur les cimes, et les étoiles ont paru dans le ciel, et le vent frais s'est levé, et le cercle des pics s'est rétréci peu à peu, est devenu une muraille noire, et la voix des cascades s'est calmée, et les clochettes des moutons ont cessé de tinter, et le chien a posé son museau sur ses pattes, a fermé ses gros yeux placides, et il n'est plus resté dans le vallon endormi, rendu à l'effrayant silence, que deux hommes enroulés dans la même couverture, sous le même toit, veillés par le même feu.

Tout cela est fort bien, littérairement, pour le montagnard assoupli à la discipline ; mais le profane, fût-il un athlète rompu à la pratique des sports, succombe devant la tâche. En dépit de sa bonne volonté, de son courage, il ne peut s'adapter à des conditions si dures. Les reins meurtris par les branches, les yeux piqués par la fumée, agacé par les brindilles insérées en son col, par les mouches et autres bestioles empressées à se promener sur sa figure, forcé de se relever dix fois, vingt fois pour remuer les braises ou étancher sa soif ardente, il a vainement cherché le sommeil rebelle à sa fatigue énervée.

Aussi, comme il trébuche, le matin, en franchissant le seuil du réduit obscur! Son cœur chavire dans sa poitrine, des nausées le soulèvent, il grelotte. La féerie de l'aurore, les premiers rayons du soleil sur les cimes roses, le frémissement de vie qui soulève les bêtes et les plantes autour de lui, toute la transparente allégresse du jour à son début, il ne sent rien de cela, — ou il le sent trop, jusqu'à la souffrance, à cause de sa tête lourde, de ses mains engourdies. C'est d'un œil morne, encore enténébré, qu'il contemple ce spectacle, seul devant la cabane, d'où le berger, rassemblant ses moutons, est parti. L'écart est trop grand entre le rythme éternel de la terre brusquement perçu et le pauvre petit organisme d'homme brutalement arraché à sa vie factice, facile, douce. Comment se hasarderait-il plus loin, lui qui, pour quelques heures d'insomnie, se tient à peine sur ses jambes? Comment oserait-il essayer de lire le livre divin, lui qui ne peut pas seulement lire en soi-même?

Il faut redescendre.

*
* *

Mais la hantise des sommets le poursuit. Il garde un regret, un remords d'avoir été si lâche, d'avoir renoncé si vite, au premier contact. On ne soulève pas impunément un coin du voile. Les lectures, les conversations, le simple raisonnement ne lui avaient-ils donc pas appris que la montagne est un monde différent du nôtre, soumis à des règles plus sévères, imparfaitement connues? La passion qu'elle inspire à certains individus d'élite n'est-elle pas la preuve manifeste de son charme souverain? Ceux qui, présentement, s'y meuvent avec aisance n'ont-ils pas payé, par un long stage, leur maîtrise? Les virtuoses d'aujourd'hui ne furent-ils pas des élèves? L'instinct qui le pousse là-haut n'est-il pas un signe d'élection? La nature ne nous trompe pas. Ce qu'elle nous suggère, nous pouvons, nous devons le réaliser.

Dès qu'il a reconstitué ses forces au milieu de ses semblables, il rêve de remonter, pour les essayer, les mesurer. L'étroite vallée, malgré tant de promeneurs en extase devant ses grâces jolies, lui apparaît, maintenant qu'il la compare avec la radieuse vision d'en haut, une prison où l'on étouffe. Ses poumons réclament un air plus vif, plus pur, parfumé de senteurs plus agrestes. Il est las de parler, de discuter, d'écouter. C'est toujours les mêmes choses qu'on dit, qu'on fait, qu'on entend. Ici trop de gens, trop de lumières, trop de musiques. Le grand or-

chestre, c'est la forêt ; le grand musicien, c'est
le vent ; le grand livre, c'est la nature.

Mieux équipé, mieux secondé, pourquoi ne
s'adapterait-il pas à ce domaine, comme d'autres
l'ont fait avant lui ? Bagatelle que d'appeler un
homme, acquérir un équipement, des vivres, un
matériel. Il part.

Cette fois, la chaleur, le froid entament moins
profondément son organisme aguerri par l'expérience précédente. Il résiste à la tentation de
boire, de s'arrêter à l'ombre, de s'étendre sur
l'herbe humide. Son cœur reste ferme dans sa
poitrine que ne soulève plus l'émoi de la crainte,
son pas plus assuré glisse légèrement sur les
cailloux, sans déraper. Il avance plus vite d'une
belle allure souple qui le surprend, le ravit. Il
ne tremble plus devant le brouillard et s'il
regarde sa montre c'est pour mieux régler sa
marche. La cabane, qui n'a pas changé, lui
apparaît claire et chaude aux rayons de la
flamme joyeuse. Il goûte sur le lit de feuilles
un sommeil réparateur, facilité par une couverture plus épaisse, un béret qui recouvre les
oreilles, des espadrilles où se détend le pied
coincé dans le cuir sec des souliers. Maintes
friandises transportées en son sac, ajoutent au
menu spartiate le dessert figuré par une tasse
de thé bouillant, des confitures, des biscuits

croquants, un fruit, un cigare bien sec. La nuit peut descendre sur le vallon sinistre. Elle ne pénétrera pas dans le coin d'intimité tiède où trois petits bonshommes devisent en remuant les bûches.

Elle ne pénétrera pas non plus dans le cœur du néophyte, lentement, sûrement conquis par la grâce. Certes, il lui reste encore, le lendemain matin, un peu de courbature, de migraine. Il ne sait pas marcher, régler son souffle, il doit écouter les conseils du guide, réclamer parfois l'aide de sa grosse main tendue. Là-haut, en effet, pas une minute d'inattention n'est permise, sous peine d'un châtiment immédiat, cruel. Nul poteau n'indique la route, nulle pancarte ne signale les tournants brusques, les virages dangereux. Tout est brusque, tout est dangereux pour quiconque ne sait pas. Ici, ce sont des éboulis en poudre, des granits énormes, là des schistes perfides. Voici de la neige molle où l'on enfonce jusqu'aux chevilles, jusqu'aux genoux. Voici de la neige compacte que les crampons des souliers entament à peine. Voici un tas de choses monstrueuses, effarantes, balayées par la rafale, écrasées par le soleil, obscurcies par le brouillard. Voici la montagne !

La montagne. Ce n'est qu'un mot, un pauvre
mot de notre pauvre langage humain. Il nous
suffisait jadis quand nous l'appliquions à un
ensemble de décors déterminés. Il nous apparaît
bien étroit maintenant que nous savons ce qu'il
désigne en réalité : un monde vaste, incommensurable, illimité comme notre pensée. La montagne, c'est une partie de la terre qui n'appartient
pas à l'homme, que l'homme n'a pu asservir,
façonner, et qui surprend, déconcerte, irrite,
effraye le maître, à cause des forces invisibles,
hostiles recélées en ses flancs.

Réfractaires à son joug, certes, perceptibles
cependant à sa conscience, c'est-à-dire à la partie divine, donc à l'essentiel de son être, et ni
méchantes, ni bonnes. Un roc, un arbre, un
mouton, un homme, c'est pareil ; c'est toujours
de la vie qui se meut dans une sphère plus ou
moins élevée, qui se transforme plus ou moins
vite, — et qui meurt.

L'homme est moins dur, moins solide, moins
résistant. Il n'est pas organisé, comme l'animal
et la plante, pour tirer du milieu même sa subsistance. Mais il peut l'apporter d'en bas, de
chez lui, créer sur place des instruments, utili-

ser les éléments qui sont là, les déchets du vieil organisme, bâtir avec les pierres des murs qui, recouverts d'un toit, deviendront une maison, couper, tailler ou simplement ramasser le bois mort pour faire du feu, c'est-à-dire de la vie. Son intelligence lui restitue le premier rang, lui permet de s'harmoniser au décor, de le comprendre, de s'égaler à lui, de le surpasser.

Qu'il mette donc sa pensée, son cœur à l'unisson. Qu'il renonce à ses moyens de conquête habituels, inutiles, dangereux ici. Qu'il s'accoutume à regarder bien en face, sans trembler ; qu'il obéisse, qu'il écoute, qu'il interroge, qu'il se laisse vaincre par la grâce.

Et il verra si la montagne est muette, si elle répond, si elle lui dit les choses qu'elle a dites jadis aux premiers hommes, qu'elle dit et ne cessera de dire aux poètes, aux solitaires. Et une belle et noble camaraderie s'établira dès qu'il aura consenti sa soumission, dès qu'il sera redevenu ce qu'il est réellement, une pièce de ce grand Tout qui l'éblouit uniquement parce qu'il se refuse, par orgueil, à y reprendre, de son vivant, sa place.

FIN

TABLE DES MATIÈRES

CHAPITRE PREMIER
PYRÉNÉES D'OCCIDENT

Pages

CHAPITRE DEUXIÈME
PYRÉNÉES D'ORIENT

CHAPITRE TROISIÈME

L'HOMME ET LA NATURE

CHAPITRE QUATRIÈME

LA VIE EN HAUTE MONTAGNE

CHAPITRE CINQUIÈME

LES PRINCIPAUX MASSIFS PYRÉNÉENS

CHAPITRE SIXIÈME

ALPINISME ET PYRÉNÉISME

ORLÉANS. — IMP. ORLÉANAISE, RUE ROYALE, 68.

GOYAU (GEORGES). — **Bismarck et l'Église.** *Le Culturkampf.* 1870-1887. 4 volumes in-16.... **15 »**

ANTIOCHE (COMTE D'). — **Chateaubriand ambassadeur à Londres (1822)**, d'après ses dépêches inédites. 1 volume in-8° carré........... **7 50**

BALIGNAC (GUY). - **Quatre ans à la Cour de Saxe.** 1 vol. in-16.... **3 50**

BARATIER (Lᵗ-COLONEL). — **A Travers l'Afrique.** Édition définitive ornée de huit portraits et six cartes. *Ouvrage couronné par l'Académie française.* (*Prix Vitet*). 1 volume in-16......... **3 50**

BORDEAUX (HENRY). — **Ames modernes.** II. Ibsen, Pierre Loti, J.-M. de Hérédia, Jules Lemaître, Anatole France, Paul Bourget, Vᵗᵉ de Vogüé, Édouard Rod, édition nouvelle. 1 vol. in-16......................... **3 50**

BOUTARD (ABBÉ CHARLES). — **Lamennais.** *Sa vie et sa doctrine* (1ʳᵉ Partie). — *La Renaissance de l'Ultramontanisme* (1782-1828). 1 vol. in-8° écu. **5 »**
— (2ᵉ Partie) *Le Catholicisme libéral* (1828-1834). 1 vol. in-8° écu.... **5 »**
— (3ᵉ Partie) *L'Éducation de la Démocratie* (1834-1854). 1 vol. in-8° écu. **5 »**

DANTE-ALIGHIERI. — **La Divine Comédie.** L'Enfer, traduction nouvelle accompagnée du texte italien, avec une introduction et des notes, par ERNEST DE LAMINNE. 1 vol. in-8°. **7 50**

DUNOYER (ALPHONSE). — **Fouquier-Tinville,** accusateur public du Tribunal Révolutionnaire (1746-1795), d'après les documents des archives nationales. 1 volume in-8° écu............. **5 »**

GOYAU (LUCIE FÉLIX-FAURE). — *Spectacles et Reflets.* **L'Ame des Enfants, des Pays et des Saints.** 1 volume in-16.......................... **3 50**

HEYRAUD (CHARLES). — **La France de Demain.** *Celle qu'on nous offre, Celle qu'il nous faut.* Préface de HENRI JOLY, membre de l'Institut. 1 volume in-8° écu.................... **5 »**

HOUSSAYE (HENRY). — **Iéna et la Campagne de 1806.** Introduction par LOUIS MADELIN. 1 vol. in-16.... **3 50**

LENOTRE (G.). — **Bleus, Blancs et Rouges.** *Récits d'Histoire révolutionnaire. — Taupin. — Le Mariage de M. de Bréchard. — L'Abbé Jumel. — Mademoiselle de la Chauvinière. — Angélique des Melliers. — Auguste.* 1 volume in-8° écu, orné de gravures sur bois...................... **5 »**

LŒWENGARD (PAUL). — **Les Magnificences de l'Église.** 1 vol. in-16. **3 50**

LORÉDAN (JEAN). — **Un Grand Procès de Sorcellerie au XVIIᵉ siècle.** — *L'Abbé Gaufridy et Madeleine de Demandolx* (1600-1670). 1 volume in-8° écu, orné de gravures............. **5 »**

MANCINI (JULES). — **Bolivar et l'Émancipation des Colonies espagnoles.** — *Des Origines à 1815.* 1 vol. in-8° avec portrait............. **7 50**

TRUBERT (MAURICE). — **Impressions et Souvenirs d'un Diplomate. — Turquie. — Autriche. — Etats-Unis. — Balkans. — Brésil.** 1 volume in-16 .... **3 50**

NICOLAY (FERNAND). - **La Vie compliquée.** — *Étude d'actualité. — Exemples typiques.* 1 vol. in-16. **3 50**

NOAILLES (VICOMTE DE). — *Épisodes de la Guerre de Trente ans.* **Le Maréchal de Guebriant (1602 à 1643).** 1 volume in-8° carré....... **7 50**

PINON (RENÉ). — **France et Allemagne, 1870-1913.** 1 vol. in-16. **3 50**

POLTORATZKY (HERMIONE). — *Profils Russes.* — **Une Princesse Russe à Rome.** — *La Comtesse Roumiantzeff. — Un Évêque russe. — Marfa Possadnitza.* 1 volume in-16.......... **3 50**

ROUSSEAU (HENRI). — *Le Réveil religieux au lendemain du Concordat.* — **Guillaume-Joseph Chaminade,** fondateur des Marianistes (1761-1850). 1 volume in-16, orné de trois portraits................... **3 50**

STARCZEWSKI (EUGÈNE). — **L'Europe et la Pologne.** 1 vol. in-8° écu. **5 »**

ZURLINDEN (GÉNÉRAL). — **Mes Souvenirs depuis la Guerre (1870-1901).** 1 volume in-16 avec gravures............................ **3 50**

Paris. — Imp. E. CAPIOMONT et Cⁱᵉ, rue de Seine, 57.